Léopold Guyot

Apocalypse

Léopold Guyot

Apocalypse

Etude et réflexion par le pasteur Léopold Guyot

Éditions Croix du Salut

Impressum / Mentions légales
Bibliografische Information der Deutschen Nationalbibliothek: Die Deutsche Nationalbibliothek verzeichnet diese Publikation in der Deutschen Nationalbibliografie; detaillierte bibliografische Daten sind im Internet über http://dnb.d-nb.de abrufbar.
Alle in diesem Buch genannten Marken und Produktnamen unterliegen warenzeichen-, marken- oder patentrechtlichem Schutz bzw. sind Warenzeichen oder eingetragene Warenzeichen der jeweiligen Inhaber. Die Wiedergabe von Marken, Produktnamen, Gebrauchsnamen, Handelsnamen, Warenbezeichnungen u.s.w. in diesem Werk berechtigt auch ohne besondere Kennzeichnung nicht zu der Annahme, dass solche Namen im Sinne der Warenzeichen- und Markenschutzgesetzgebung als frei zu betrachten wären und daher von jedermann benutzt werden dürften.

Information bibliographique publiée par la Deutsche Nationalbibliothek: La Deutsche Nationalbibliothek inscrit cette publication à la Deutsche Nationalbibliografie; des données bibliographiques détaillées sont disponibles sur internet à l'adresse http://dnb.d-nb.de.
Toutes marques et noms de produits mentionnés dans ce livre demeurent sous la protection des marques, des marques déposées et des brevets, et sont des marques ou des marques déposées de leurs détenteurs respectifs. L'utilisation des marques, noms de produits, noms communs, noms commerciaux, descriptions de produits, etc, même sans qu'ils soient mentionnés de façon particulière dans ce livre ne signifie en aucune façon que ces noms peuvent être utilisés sans restriction à l'égard de la législation pour la protection des marques et des marques déposées et pourraient donc être utilisés par quiconque.

Coverbild / Photo de couverture: www.ingimage.com

Verlag / Editeur:
Éditions Croix du Salut
ist ein Imprint der / est une marque déposée de
AV Akademikerverlag GmbH & Co. KG
Heinrich-Böcking-Str. 6-8, 66121 Saarbrücken, Deutschland / Allemagne
Email: info@editions-croix.com

Herstellung: siehe letzte Seite /
Impression: voir la dernière page
ISBN: 978-3-8416-9854-4

Copyright / Droit d'auteur © 2013 AV Akademikerverlag GmbH & Co. KG
Alle Rechte vorbehalten. / Tous droits réservés. Saarbrücken 2013

L'APOCALYPSE

Étude et réflexion par le pasteur Léopold Guyot

Table des Matières

Introduction 5
Apocalypse = révélation = dévoilement 9
   Au jour du Seigneur Apoc.1.10 10
   Le message du Seigneur aux églises 12
   Le mystère des sept étoiles et des sept chandeliers d'or 13
      Les messagers des sept églises 13
      Les chandeliers sont les églises 14
Lettres aux églises 16
   Écris au messager de l'église d'Éphèse 16
   Le premier amour ? 17
   Souviens-toi ! 18
   Ecris au messager de l'église de Smyrne 19
   Ecris au messager de l'église de Pergame, ... 21
   Ecris au messager de l'église de Thyatire 25
   Ecris au messager de l'église de Sardes 32
   Ecris au messager de l'église de Philadelphie, ... 36
   Ecris au messager de l'église de Laodicée 40
Des choses communes à chaque église : 45
   Une porte s'ouvre dans le ciel 46
Le trône de Dieu 48
   Jean n'a pas vu Dieu 48
   La manifestation glorieuse de la présence de Dieu sur son trône dans le ciel est révélée à Jean 49
   · 24 vieillards ou anciens, ... 50
   · Quatre « vivants », d'un aspect étrange 50
   - Dieu règne 51
   Devant le trône, Sept lampes ardentes, qui sont les sept esprits de Dieu ... 52
   . Une mer de verre 52
Alors paraît l'Agneau. 54
   L'Agneau de Dieu est l'exécuteur des décisions divines 54
   Quatre anges, quatre sceaux, quatre vents, quatre cavaliers ... 56
      Le premier cavalier 58
      Le second cavalier 60
      Le troisième cavalier 60
      Le quatrième cavalier 62
      Une époque particulière 62
Trois autres sceaux 64
   Le cinquième sceau 64
   Le sixième sceau 64
   Un temps de répit 65
   Les cent quarante quatre mille 68
   Une foule innombrable 68
   Un témoignage nouveau 69
   L'Agneau ouvre le septième sceau 70
   La signification des trompettes 71

- Sept trompettes, sept malheurs. Apocalypse 8..73
  - Le mystère de Dieu..76
  - Les noces de l'Agneau..77
  - Un petit livre amer...78
  - Deux témoins 79
  - La septième trompette 82
  - La femme enveloppée du soleil. 84
  - Le grand dragon rouge...88
  - Il y a des guerres dans le ciel 88
- L'Antéchrist et le faux prophète..91
  - Une bête monte de la mer ... Apoc.13.1..91
  - Une seconde bête monte de la terre..97
  - 666. le nombre mystérieux..99
  - 666..100
  - Une fin soudaine et brutale. 101
- Apocalypse 14...105
  - 1 – La vision des 144 000 105
  - 2 – La vision de trois proclamations solennelles. 14:6-13 105
  - 3 – La vision de la moisson et des vendanges 14:17-20 106
- Les coupes de la colère de Dieu 107
  - Sept anges, sept fléaux..107
  - Sept coupes pleines de la colère de Dieu..108
  - Le jugement d'une capitale..110
- Voici le Roi des rois et le Seigneur des seigneurs. 115
  - Jésus revient sur la Terre...116
- Le millénium..117
- Quand les mille ans seront accomplis 119
  - Gog et Magog. L'ennemi du Nord. Ézéchiel 37 - 38 - 39.......................121
- Le grand trône blanc...123
- La fin du monde 124
  - "Le ciel et la terre disparaitront" 125
  - Comment ?...125
  - Quand ?...126
- Toutes choses nouvelles Apoc.21..129
- L'Église dans la nouvelle création...130
  - Les nations et les rois de la terre 21:24-26 131
- Conclusion 134

Introduction

Le mot "Apocalypse" suscite en général la pensée d'événements tragiques, catastrophiques. Cependant le mot grec Apokalupsis, signifie "révélation". Le titre complet et conforme du livre est : Révélation de Jésus-Christ. (verset 1er)

Dès les premières lignes le livre révèle son contenu :

> *Ce livre dévoile les secrets que Dieu a confiés à Jésus–Christ, pour qu'il les transmette à ses serviteurs et leur annonce les événements qui doivent arriver bientôt de façon soudaine et inattendue. Par l'intermédiaire de son ange, Jésus–Christ les a communiqués par signes et symboles à son serviteur Jean qui est témoin que tout ce qu'il a vu est parole de Dieu et vérité révélée par Jésus–Christ. (Apocalypse 1.1 Version Parole Vivante de A.Kuen)*

Jean a vécu le temps de cette révélation dans un état second : *Il fut ravi en esprit. Apoc. 1.10*

Ravi en esprit, sortant de son contexte naturel, il entre dans le monde des choses invisibles et surnaturelles inaccessibles à nos sens physiques, comme l'a aussi connu l'apôtre Paul témoignant d'une expérience indéfinissable : *Je connais un homme en Christ, qui fut, il y a quatorze ans, ravi jusqu'au troisième ciel (si ce fut dans son corps je ne sais, si ce fut hors de son corps je ne sais, Dieu le sait). Et je sais que cet homme (si ce fut dans son corps ou sans son corps je ne sais, Dieu le sait) fut enlevé dans le paradis, et qu'il entendit des paroles ineffables qu'il n'est pas permis à un homme d'exprimer. 2 Corinthiens 12.1*

D'autres prophètes ont vécu cette expérience. Ezéchiel dit : *L'esprit m'enleva entre la terre et le ciel, et me transporta, dans des visions divines. 8.3*

Ezéchiel parle d'être "transporté". Jean et Paul disent "ravi". Dans ces moments Dieu montre à un être humain ce que Lui voit, comme s'il ouvrait une fenêtre sur une scène jusque là voilée aux yeux de la personne, telle que nous le décrit un récit de l'Ancien Testament :

> *Le serviteur de l'homme de Dieu se leva de bon matin et sortit; et voici, une troupe (l'armée syrienne) entourait la ville, avec des chevaux et des chars. Et le serviteur dit à l'homme de Dieu: Ah! mon seigneur, comment ferons-nous?*

> *Il répondit: Ne crains point, car ceux qui sont avec nous sont en plus grand nombre que ceux qui sont avec eux.*

> *Elisée pria, et dit: Eternel, ouvre ses yeux, pour qu'il voie. Et l'Eternel ouvrit les yeux du serviteur, qui vit la montagne pleine de chevaux et de chars de feu autour d'Elisée. 2 Rois 6.15*

La révélation divine est l'action du Saint-Esprit qui soulève le voile posé sur des événements surnaturels cachés dans la pensée de Dieu ou encore qui dirige un faisceau de lumière éclairant des choses jusque là enveloppées de mystère.

> *Mais, comme il est écrit, ce sont des choses que l'œil n'a point vues, que l'oreille n'a point entendues, et qui ne sont point montées au coeur de l'homme, des choses que Dieu a préparées pour ceux qui l'aiment.*
>
> *Dieu nous les a révélées par l'Esprit. Car l'Esprit sonde tout, même les profondeurs de Dieu. 1 Corinthiens 2.9*

Dans la plupart des cas il s'agit d'une vision de l'esprit, comme pour l'apôtre Jean dans l'Apocalypse.

Jean a témoigné de tout ce qu'il a vu, des choses qui existent au moment où la vision est reçue et d'autres qui doivent s'accomplir dans la suite. 1.19

Le résultat c'est un livre écrit il y a plus de 2000 ans par celui qui se nomme lui-même "l'ancien" c'est à dire "le pasteur".(2 Jean 1).

Le livre est adressé en premier aux sept églises d'Asie mineure, mentionnées dans les chapitres 2 et 3.

Il a reçu cette révélation à un moment précis de l'histoire de l'Église en butte à la persécution de ses ennemis et à la séduction des fausses doctrines. Il se trouvait exilé à Pathmos à cause du témoignage de la parole de Dieu et du témoignage de Jésus.

J'ai lu et relu des dizaines de fois et j'étudie encore ce livre mystérieux mais aussi passionnant et plein d'espérance. S'il peut rebuter le lecteur qui le lit pour la première fois, je puis témoigner que chaque lecture nouvelle permet de découvrir et de mieux comprendre son message et son but : *"Révéler le Seigneur Jésus-Christ au jour de sa gloire et montrer à ses serviteurs les choses qui existent déjà et d'autres qui doivent arriver bientôt."*

> *Heureux celui qui lit et ceux qui entendent les paroles de la prophétie, et qui gardent les choses qui y sont écrites! Car le temps est proche. Apocalypse 1:3*

Lorsque nous lisons le livre de l'Apocalypse, nous devons tenir compte qu'il s'agit avant tout d'une révélation surnaturelle composée de nombreuses visions très mystérieuses dont on ne peut comprendre le sens qu'avec l'aide du Saint-Esprit et de l'ensemble des Ecritures. Il faut aussi savoir que les événements décrits ne se produisent pas dans un ordre chronologique. Il y a des choses qui sont révélées avant d'autres mais qui ne s'accomplissent qu'après.

Il faut lire le livre de l'Apocalypse sans idées préconçues, sans forcer la compréhension des choses, mais simplement et y revenir souvent. L'Ecriture parle d'elle-même et s'explique par elle-même. Il ne faut donc pas le séparer de son contexte la Bible. Il existe de nombreux liens et références à d'autres passages des Ecritures qui permettent de mieux saisir le sens des descriptions souvent mystérieuses de l'apôtre Jean. Des commentateurs ont donné diverses interprétations concernant les personnages ou les visions de l'apocalypse, mais dans une telle étude il faut rester sobre et ne pas aller au delà de la vérité du texte prophétique qui doit être avant tout considéré comme "le message" du Seigneur à son Église sur la terre.

L'étude qui suit n'a pas la prétention de tout expliquer. Elle est le résultat d'une réflexion personnelle commencée il y a soixante ans, dès le début de ma conversion à Christ. Avec ce dossier j'ai désiré partager ce qui m'a fait entrer plus avant dans la connaissance de Dieu, le Saint, le Souverain, le Tout Puissant, le Dieu Eternel, ainsi que dans la connaissance du Seigneur Jésus-Christ le Fils unique de Dieu étroitement associé à son Père dans les décisions divines et leur application.

Apocalypse = révélation = dévoilement

L'apocalypse est un livre ouvert à la connaissance des paroles prophétiques comme le dit l'ange à l'apôtre Jean :

Ne scelle point les paroles de la prophétie de ce livre. Car le temps de leur accomplissement est proche Apocalypse 22.10

Il s'agit de "montrer" par une révélation progressive, dans un éclairage particulier, les différentes parties du plan divin, jusqu'à ce que l'ensemble apparaisse dans sa construction harmonieuse. Mais avant d'entrer dans la révélation des choses qui doivent se produire, Jean va découvrir des choses qui existent déjà : La gloire de Dieu sur son trône, la place du Fils de Dieu auprès de son Père, La présence de l'Esprit de Dieu devant le trône, le ciel et ceux qui l'habitent, la situation de sept églises d'Asie mineure.

Une première constatation s'impose : La souveraineté absolue de Dieu et l'union parfaite qui existe entre Dieu le Père, Le fils de Dieu Jésus-Christ et le Saint-Esprit. Les trois sont étroitement associés dans toutes les décisions divines et leur accomplissement. Nous le découvrons dès le commencement de la création : Dieu, la Parole de Dieu et l'Esprit de Dieu sont à l'œuvre ensemble.

Ensuite Jean découvre une activité intense autour de Dieu et de son trône : une multitude innombrable de créatures célestes, d'anges puissants, d'archanges et des être vivants, se meuvent au service du Dieu souverain et de l'Agneau de Dieu.

Tout est en place pour ce qui doit arriver dans la suite.

Les visions successives, même si elles ne s'accomplissent pas dans un ordre chronologique, s'emboîtent comme les pièces d'un puzzle pour former le livre qui va être communiqué à l'Église du Seigneur Jésus-Christ

Ce livre-message est envoyé à plusieurs destinataires. D'abord aux sept églises désignées par le Seigneur : *Ce que tu vois, écris-le dans un livre, et envoie-le aux sept Eglises, à Ephèse, à Smyrne, à Pergame, à Thyatire, à Sardes, à Philadelphie, et à Laodicée.*

Puis dans un sens plus général à tous ceux qui voudront écouter et entendre. Apocalypse 1.1/3

Dans les chapitres 2 et 3, chaque église est identifiée : son nom, ses particularités, sa situation géographique, ses œuvres, ses qualités, ses défauts. C'est le "dévoilement" de l'Église vivant sur la terre, telle que le Seigneur la voit, telle qu'elle est en réalité.

Celui dont les yeux sont comme une flamme de feu marche au milieu des églises et discerne au delà des apparences. Il connaît parfaitement chacun de ceux qui composent son troupeau, comme un berger connaît chacune de ses brebis. (Ézéchiel 34.12)

Nulle créature n'est cachée devant lui, mais tout est à nu et à découvert aux yeux de celui à qui nous devons rendre compte. Hébreux 4:13

Au jour du Seigneur Apoc.1.10

La première vision donnée à l'apôtre est celle du Seigneur Jésus-Christ dans son jour : le jour du Seigneur, c'est à dire tel qu'Il apparaîtra dans sa gloire.

Alors on verra le Fils de l'homme venant sur les nuées avec une grande puissance et avec gloire. Marc 13:26

C'est une vision majestueuse et terrible, glorieuse et saisissante, insoutenable. Elle révèle "le Fils de Dieu", Seigneur de l'Eglise, qui vient avec puissance, gloire et autorité, pour exercer ses jugements, premièrement sur sa maison (c'est le message aux sept églises), puis sur le monde, sur les nations.

Je me retournai pour connaître quelle était la voix qui me parlait. Et, après m'être retourné, je vis sept chandeliers d'or, et, au milieu des sept chandeliers, quelqu'un qui ressemblait à un fils d'homme, vêtu d'une longue robe, et ayant une ceinture d'or sur la poitrine.

Sa tête et ses cheveux étaient blancs comme de la laine blanche, comme de la neige; ses yeux étaient comme une flamme de feu; ses pieds étaient semblables à de l'airain ardent, comme s'il eût été embrasé dans une fournaise; et sa voix était comme le bruit de grandes eaux.

Il avait dans sa main droite sept étoiles. De sa bouche sortait une épée aiguë, à deux tranchants; et son visage était comme le soleil lorsqu'il brille dans sa force.

Quand je le vis, je tombai à ses pieds comme mort. Il posa sur moi sa main droite en disant: Ne crains point! Je suis le premier et le dernier, et le vivant. J'étais mort; et voici, je suis vivant aux siècles des siècles. Je tiens les clefs de la mort et du séjour des morts. 2.12

Il ne vient plus comme l'humble fils de l'homme qui va offrir sa vie en sacrifice pour nous sauver, mais comme le Fils de Dieu révélé comme le Roi suprême devant qui tout genoux doit fléchir.

Plusieurs éléments de cette vision du Seigneur Jésus-Christ mettent en évidence les caractéristiques de sa personne:

Son vêtement et sa ceinture d'or sont les insignes de la royauté. Il est Roi des rois et Seigneur des seigneurs.

Ses yeux sont comme une flamme de feu. Un regard qui pénètre au fond des cœurs et sonde les pensées et les sentiments : *Nulle créature n'est cachée devant lui, mais tout est à nu et à découvert aux yeux de celui à qui nous devons rendre compte. Hébreux 4:13*

Ses pieds sont comme de l'airain ardent. Dans la Bible l'airain embrasé est le symbole du jugement divin. Un feu qui brûle les scories contenues dans le métal pour le purifier. Le fait que ses pieds sont comme de l'airain embrasé signifie qu'il marche au milieu des églises pour en ôter les scories, les sanctifier.

Sa voix est majestueuse et impressionnante. Elle implique le respect et l'obéissance, comme le dit le psalmiste :

> *La voix du Seigneur résonne avec puissance, la voix du Seigneur résonne avec majesté. La voix du Seigneur casse les cèdres, le Seigneur brise les cèdres du Liban. Il fait bondir les montagnes du Liban comme de jeunes taureaux, et le mont Hermon comme un jeune buffle. La voix du Seigneur fait jaillir les éclairs. La voix du Seigneur ébranle le désert, le Seigneur ébranle le désert de Cadès. La voix du Seigneur force les biches à mettre au monde leurs jeunes faons, elle fait naître les petits de la chèvre sauvage. Dans le palais du Seigneur, tous proclament : Gloire à Dieu ! Psaume 29*

Son visage reflète la gloire de Dieu et ses cheveux blancs comme de la neige sont la marque de son éternité. Il est celui qui vit éternellement, le vivant, l'être immuable. Ni la mort, ni le temps, ni les circonstances n'ont de pouvoir sur lui. Il est l'être invariable et éternel.

C'est ce Seigneur puissant et glorieux que Jean voit marcher au milieu des églises. Il en est tellement impressionné qu'Il ne peut supporter la vision. Il a besoin d'être fortifié surnaturellement pour se tenir debout et discerner chaque aspect de la personne du Seigneur ! Il prend conscience que le fils de l'homme qu'il a connu sur la terre est maintenant revêtu de la gloire de Dieu.

Toutes les Eglises doivent savoir qu'il sonde les reins et les cœurs, et qu'il rend à chacun selon ses œuvres.

Il est la Parole vivante. La parole qui sort de sa bouche est pénétrante, puissante, efficace, éternelle. C'est la véritable parole de Dieu.

Voici donc notre Sauveur et Seigneur, celui en qui nous croyons sans l'avoir vu, celui que nous aimons et dont nous attendons la venue et à la parole duquel nous sommes attentifs.

Il tient dans sa main droite, la main de son pouvoir, ceux qui enseignent. Il est présent au milieu des églises. Il les éclaire et les sanctifie pour en faire des lampes qui reflètent dans le monde la lumière qu'Il leur communique.

Christ est le personnage principal de l'Apocalypse, comme d'ailleurs de la Bible entière. Les Écritures rendent témoignage de Lui. (Jean 5.39).

Si nous voulons y trouver autre chose que la gloire du Seigneur et le dessein éternel que Dieu nous a préparé en son Fils, nous échouerons dans la recherche de la connaissance réelle des plans divins.

Il faut que les Écritures nous fassent découvrir Jésus le Christ, le Fils de Dieu et en Lui et par lui l'accomplissement des desseins du Père pour l'Église et le monde nouveau à venir, le royaume éternel de Dieu.

Il est important que nous connaissions la situation actuelle du Seigneur Jésus-Christ *couronné de gloire et d'honneur" Hébreux 2.9*

Le message du Seigneur aux églises

Le livre de l'Apocalypse dans son ensemble est le message que le Seigneur adresse à son Église dans tous les temps, depuis le moment où elle a été créée jusqu'au jour où elle sera enlevée auprès de Lui.

Les sept lettres adressées en particulier à des églises locales décrivent sans concession les diverses situations dans lesquelles elles se trouvent, les œuvres qui sont les leurs, leur état spirituel bon ou moins bon, avec des encouragements, des reproches, des avertissements et des exhortations.

Si nous pouvons situer historiquement chacune de ces sept églises, il faut considérer que le message qui leur est adressé va bien au delà de leur histoire et nous concerne aussi.

Nous devons toujours nous efforcer d'aller à l'essentiel. Le plus important c'est le message et son auteur. C'est le Seigneur des églises qui parle par son Esprit. *Ce que l'Esprit dit aux églises. Apocalypse 2.7, 11, 17,29 -3.6,13,22*

L'apôtre Jean est le serviteur à qui le Seigneur a donné sa révélation dans des circonstances très particulières. Il a reçu la parole prophétique de Dieu comme une parole qui doit réveiller les églises. Il est la sentinelle qui avertit le peuple par le son de la trompette retentissante qu'est la parole de Dieu.

Prêtez l'oreille, et écoutez ma voix! Soyez attentifs, et écoutez ma parole!
Esaïe 28:23

Le mystère des sept étoiles et des sept chandeliers d'or.

Un mystère est une chose cachée, voilée. En ce qui concerne les mystères du royaume de Dieu, ils sont révélés par le Seigneur à ses disciples. Matthieu 13.11

Des différents mystères dont il est fait mention dans le Nouveau Testament, le plus important est "le mystère de Christ". Romains 16:25 – Éphésiens 1:9; 3:6; 5:32

Plusieurs mystères sont révélés dans le livre de l'Apocalypse, mais certaines choses doivent être tenues cachées jusqu'à leur accomplissement. Daniel 12.4,9 – Apoc.10:4

Lors de son apparition à Jean le Seigneur parle du mystère des sept étoiles et des sept chandeliers d'or en précisant ce que cela représente.

Les sept étoiles sont les anges des sept Eglises, et les sept chandeliers sont les sept Eglises. Apoc.1.20

Les messagers des sept églises

Écris au messager ...
Dès le début de chaque lettre, nous remarquons comme je l'ai dit précédemment que le message, que l'apôtre Jean va recevoir et transmettre, est adressé premièrement au messager, au responsable de l'église. C'est lui en premier qui va entendre la description de la situation, les félicitations, les reproches et les exhortations du Seigneur, qu'il devra ensuite transmettre à l'église.

Le terme "ange" signifie messager ou envoyé avec une mission, ce qui peut encore se traduire par "apôtre". On pourrait lire : Écris à l'apôtre de l'église de...(Il y a-t-il des apôtres aujourd'hui ?)

Les anges dont il est question ici sont des messagers qui reçoivent une lettre manuscrite qu'ils devront lire à l'assemblée dont ils ont la responsabilité. Il y a celui qui lit ... et ceux qui entendent...Apoc.1.3

En ce qui concerne le mot "étoile" utilisé pour désigner les messagers des églises, le passage du livre de Daniel 12.3, fait comprendre qu'il s'agit de ceux qui enseignent :

> *Ceux qui auront enseigné la justice, à la multitude brilleront comme les étoiles, à toujours et à perpétuité. Daniel 12.3*

Il est important de remarquer que les reproches ou les encouragements, concernent en premier "le responsable de l'église"

Les chandeliers sont les églises

Une église ou une assemblée locale si petite soit elle, deux ou trois assemblés au Nom du Seigneur, dans une ville, une commune, un quartier, est une lampe allumée pour faire briller la lumière, c'est à dire rendre témoignage à celui qui dit : Je suis la lumière du monde.

Ceux qui se réunissent pour former une assemblée doivent donc refléter par leur conduite la nature de Jésus-Christ leur Sauveur et Seigneur.

> *... des enfants de Dieu irréprehensibles au milieu d'une génération perverse et corrompue, parmi laquelle vous brillez comme des flambeaux dans le monde. Philippiens 2:15*

Dans chaque introduction aux lettres, le Seigneur qui en est l'auteur se présente en fonction de la situation de chaque église sous un aspect particulier.

Il veille sur ses églises dispersées sur la terre. Il est présent au milieu d'elles, attentif et actif.

> *Comme un pasteur inspecte son troupeau quand il est au milieu de ses brebis éparses, ainsi je ferai la revue de mes brebis, et je les recueillerai de tous les lieux où elles ont été dispersées au jour des nuages et de l'obscurité. Ézéchiel 34:12*

Les messages du Seigneur à ses églises font apparaître "une appréciation de valeur" au sujet de leurs œuvres et de leur état spirituel. C'est comme une sorte de jugement préventif relevant de l'examen d'une situation réelle qui appelle des avertissements auxquels chacun doit être réceptif. Les encouragements et les reproches ne sont pas figés dans un temps ou un lieu donnés. Nous y trouvons un message valable pour les églises de toutes les époques et de toutes nationalités.

Ce sont des lettres dont le contenu est simple, précis, sans qu'il y ait besoin de commentaires particuliers.

Chaque lecteur est placé en face d'une réalité qui lui est propre. Il peut se reconnaître et comprendre ce que le Seigneur lui demande afin d'en faire bon usage.

A nous d'être attentifs : *"Que celui qui entend, comprenne ce que l'Esprit dit aux églises."*

Comme il est encore écrit dans le livre du prophète Daniel : *"Ceux qui ont de l'intelligence comprendront."* (12:10)

Lettres aux églises

Écris au messager de l'église d'Éphèse

A quoi ressemble l'église d'Éphèse ? Comment le Seigneur la voit ?

Éphèse était à cette époque une grande ville, très prospère, mais aussi très idolâtre. On y trouvait entre autres le temple dédié à Artémis, déesse de la fécondité, la Diane d'Éphèse.

L'apôtre Paul est arrivé dans la ville une première fois et après y être resté peu de temps il a confié à Priscille et Aquilas la responsabilité de la toute jeune église. Actes 18.19

Il y reviendra ensuite pour y demeurer durant deux ans pendant lesquels l'église s'est développée au point d'être une menace pour le culte et l'industrie florissante et idolâtre en l'honneur d'Artémis . Actes 19.

Les disciples ont alors souffert la persécution à cause de leur fidélité au témoignage de Christ et l'apôtre Paul a dû quitter la ville

L'église était dirigée par un groupe d'anciens à qui Paul donnera des instructions, les mettant en garde contre les faux apôtres. Actes 20.17

Plus tard il écrira "la lettre aux saints qui sont à Éphèse et aux fidèles en Jésus-Christ". Éphésiens 1.1

Dans cet épître nous découvrons un enseignement très riche concernant notre façon de vivre dans la foi, la charité et l'espérance, insistant sur une relation personnelle avec le Seigneur et sur la compréhension de l'amour de Dieu.

> *... en sorte que Christ habite dans vos coeurs par la foi; afin qu'étant enracinés et fondés dans l'amour, vous puissiez comprendre avec tous les saints quelle est la largeur, la longueur, la profondeur et la hauteur, et connaître l'amour de Christ, qui surpasse toute connaissance, en sorte que vous soyez remplis jusqu'à toute la plénitude de Dieu. Éphésiens 3.17*

C'est une église bien structurée dans laquelle s'exercent les différents ministères au sujet desquels l'apôtre précise l'utilité pour l'édification de l'église. Éphésiens 4

La lettre adressée "au messager" de l'église d'Éphèse met en évidence de grandes qualités spirituelles : ses œuvres, son travail et sa persévérance, son attachement à la doctrine de Christ, son discernement et son courage concernant les faux apôtres, les souffrances qu'il endure sans se lasser pour son témoignage au Seigneur, communiquant à l'assemblée sa foi et ses qualités.

Cependant le Seigneur, qui voit au delà de ce qui est humainement visible, a remarqué une faille : *Ce que j'ai contre toi, c'est que tu as abandonné ton premier amour. Apocalypse 2:4*

Il est donc possible de travailler avec zèle pour le Seigneur, d'être fondé sur la doctrine, d'être exigeant concernant la sanctification, de souffrir sans se décourager et d'abandonner l'essentiel : le premier amour.

Cela est suffisamment grave pour que le Seigneur menace ce messager de déplacer le chandelier dont il doit entretenir les lampes, l'église dans laquelle il exerce son ministère. Il faut toujours se souvenir que c'est le Seigneur Jésus-Christ qui est le chef des églises et de ceux qui les dirigent. Il a leur destin en son pouvoir, dans sa main.

Le premier amour ?

Il s'agit d'un attachement au Seigneur sans concession. C'est de cet amour que parle le prophète Jérémie, selon la Parole de Dieu à Israël :

> *Va, et crie aux oreilles de Jérusalem: Ainsi parle l'Éternel: Je me souviens de ton amour lorsque tu étais jeune, de ton affection lorsque tu étais fiancée, quand tu me suivais au désert, dans une terre inculte. Jérémie 2:2*

C'est cet amour qui nous entraîne à nous attacher au Seigneur sans distraction, à le suivre en priorité, même dans les situations les plus difficiles, la croix la plus lourde.

C'est cet amour qui doit motiver nos élans, nos œuvres, notre consécration et qui leur donne leur véritable valeur.

C'est cet amour que le messager et l'église d'Ephèse avaient abandonné.

Alors le Seigneur adresse une exhortation à son serviteur :

> *Souviens-toi donc d'où tu es tombé, repens-toi, et pratique tes premières œuvres; sinon, je viendrai à toi, et j'ôterai ton chandelier de sa place, à moins que tu ne te repentes. Apocalypse 2:5*

Il faut remarquer que le Seigneur use de patience et exhorte toujours à la repentance et au retour avant d'exécuter ses jugements.

Souviens-toi !

Le messager de l'église d'Éphèse est appelé à se souvenir de la façon dont il aimait le Seigneur et à examiner ce qui l'a fait tomber, afin de retrouver sa motivation première : faire les choses par amour.

Lorsque nous constatons nos manquements nous pouvons revenir dans les anciens sentiers. Souviens toi d'où tu es tombé.

Il y a dans l'Ancien Testament un récit dans lequel il est question d'un homme dont le fer de la hache qu'on lui avait prêtée est tombé dans l'eau. Il va trouver le prophète qui lui demande : Où est-il tombé ?

Cette circonstance fut l'occasion d'un merveilleux miracle de Dieu, qui au moyen d'un morceau de bois jeté dans l'eau fit surnager le fer ! 2 Rois 6.1/7

La repentance fait revenir aux circonstances de la chute. Où es-tu tombé ? Comment cela s'est-il produit ?

Il y a des choses que nous avons perdues, en particulier "notre premier amour" pour le Seigneur ou peut-être notre affection fraternelle ou encore notre désir de sanctification ?

Alors il existe un bois qui nous permet de retrouver les choses perdues c'est la croix du Seigneur Jésus. Là où toutes les brisures se réparent et où tous les bonheurs perdus se retrouvent, là où toutes les fautes sont pardonnées, expiées par les souffrances de notre Sauveur, lavées par le sang précieux de l'Agneau.

Si nous ne faisons pas cette démarche de la repentance la sentence tombe.

> *...sinon, je viendrai à toi, et j'ôterai ton chandelier de sa place, à moins que tu ne te repentes. Apocalypse 2:5*

Le but c'est d'être vainqueur : A celui qui vaincra... Nous trouvons cette exhortation à la fin de toutes les lettres aux sept églises.

Ici le Seigneur promet "une communion éternelle avec Lui dans la présence de Dieu".

> *Que celui qui a des oreilles entende ce que l'Esprit dit aux Églises: A celui qui vaincra je donnerai à manger de l'arbre de vie, qui est dans le paradis de Dieu. Apocalypse 2:7*

Il parle non seulement à son messager, mais aussi à l'église, aux églises, à chacun en particulier. Sachons être attentifs et comprendre sa Parole.

Ce qui vaut pour un, vaut pour tous : *Que celui qui a des oreilles entende ce que l'Esprit dit aux Églises: A celui qui vaincra je donnerai à manger de l'arbre de vie, qui est dans le paradis de Dieu. Apocalypse 2:7*

La répréhension du Seigneur à l'égard des autres doit être pour tous une exhortation à la vigilance, à la repentance personnelle et non au jugement.

> *Que celui qui est sage prenne garde à ces choses! Que celui qui est intelligent les comprenne! Car les voies de l'Éternel sont droites; Les justes y marcheront, mais les rebelles y tomberont. Osée 14:9*

> *Ainsi donc, que celui qui croit être debout prenne garde de tomber ! 1 Corinthiens 10:12*

Ecris au messager de l'église de Smyrne

Smyrne, l'église affligée et pauvre, mais sur laquelle le Seigneur veille et à qui il réserve une glorieuse récompense. Souffrir pour notre attachement fidèle au Seigneur est une vérité que beaucoup semblent avoir oubliée. Mais au delà de toute souffrance, il y l'espérance de la victoire.

Dans cette lettre le Seigneur des églises se présente comme celui qui est le premier et le dernier, celui qui était mort et qui est revenu à la vie. Le Fils de Dieu, ressuscité et toujours vivant, toujours le même, puissant, glorieux et présent parmi ses rachetés, Il détient le pouvoir sur toutes choses dans les cieux et sur la terre.

Comme dans chaque lettre, le Seigneur reprend un de ses attributs révélés au chapitre premier :

> *Quand je le vis, je tombai à ses pieds comme mort. Il posa sur moi sa main droite en disant: Ne crains point! Je suis le premier et le dernier, et le vivant. J'étais mort; et voici, je suis vivant aux siècles des siècles. Je tiens les clefs de la mort et du séjour des morts. Apoc.1:17-18*

Nous devons comprendre, que le Seigneur vient vers chacune de ses églises en fonction de leur situation.

Remarquons que le temps de l'épreuve est limité : 10 jours. Le Seigneur veille, Il contrôle le temps et l'intensité de la tribulation, c'est lui qui ouvre et c'est lui qui ferme, les puissances de l'enfer ne peuvent détruire ni les messager, ni les églises, ni aucun de ceux qui appartiennent au Seigneur de la vie.

> *Aucune tentation ne vous est survenue qui n'ait été humaine, et Dieu, qui est fidèle, ne permettra pas que vous soyez tentés au delà de vos forces; mais avec la tentation il préparera aussi le moyen d'en sortir, afin que vous puissiez la supporter. 1 Corinthiens 10:13*

Une parole revient aussi souvent dans ces lettres : "Je connais". Chacune contient cette affirmation : Je connais ou Je sais (2:13)

Il est important que ayons toujours à l'esprit la pensée que le Seigneur connais parfaitement toutes choses, même les sentiments les plus profonds et cachés de notre cœur, comme le dit l'apôtre Pierre : *Seigneur, tu sais toutes choses, tu sais que je t'aime. Jean 21.17*

A Smyrne le Seigneur manifeste sa compassion et son encouragement à son serviteur et à l'église associés dans la même tribulation, souffrant la persécution de la part des habitants d'une ville idolâtre, mais aussi les calomnies de la part de gens qui devraient la secourir s'ils étaient vraiment circoncis. Ils sont haïs à cause de leur fidélité et leur attachement au Nom de leur Seigneur.

Jésus parle d'une synagogue de Satan. Qu'est-ce que cela veut dire ?

Il s'agit de gens qui se disaient juifs mais qui en réalité mentaient. Apocalypse 2:9 et 3.9

Déjà aux pharisiens qui le pressaient de leurs questions pièges et le calomniaient, Jésus disait qu'ils étaient les fils du malin. Jean 8:44

Le diable est "le calomniateur", menteur, accusateur et meurtrier et ceux qui se laissent entraîner dans la calomnie et les jugements injustes sont inspirés par lui.

Jésus connaîtt la souffrance et l'épreuve de ses disciples à Smyrne. Il ne leur fait aucun reproche et ne veut pas mettre sur eux d'autres fardeaux. Il sait aussi les souffrances qui sont à venir pour cette église :

> *Ne crains pas ce que tu vas souffrir. Voici, le diable jettera quelques-uns de vous en prison, afin que vous soyez éprouvés, et vous aurez une tribulation de dix jours. Sois fidèle jusqu'à la mort, et je te donnerai la couronne de vie. Apocalypse 2:10*

Souffrir pour Christ n'est pas facile et portant fréquent... car il y a beaucoup d'adversaires de la foi. Jean 16.33 - Actes 14.22 - 20.19 - 2 Timothée 3.12

Jésus nous a averti :

Je vous ai dit ces choses, afin que vous ayez la paix en moi. Vous aurez des tribulations dans le monde; mais prenez courage, j'ai vaincu le monde. Jean 16:33

Quelque soit la situation dans laquelle nous pouvons nous trouver, pauvreté ou richesse, bien-être ou souffrance, acceptés ou rejetés, efforçons nous d'être fidèles au Seigneur selon sa parole : Sois fidèle jusqu'à la mort, et je te donnerai la couronne de vie. Apocalypse 2:10

Ecris au messager de l'église de Pergame,

L'église qui a dans son sein des martyrs, qui vit dans un milieu difficile, qui tient bon, malgré la persécution, mais qui accepte le compromis C'est une situation que l'on retrouve hélas dans d'autres églises. 1 Corinthiens 5:6-8

Au messager de l'église de Pergame le Seigneur se présente comme celui qui a l'épée à deux tranchants : *La Parole de Dieu qui sort de sa bouche. Apocalypse 1:16 - Apocalypse 2:16*

En lisant Hébreux 4.12 nous comprenons ce que signifie : "De sa bouche sortait une épée à deux tranchants."

Car la parole de Dieu est vivante et efficace, plus tranchante qu'une épée quelconque à deux tranchants, pénétrante jusqu'à partager âme et esprit, jointures et moelles; elle juge les sentiments et les pensées du cœur.

Le prophète Esaïe témoigne de l'efficacité de la Parole de Dieu :

Il a rendu ma bouche semblable à un glaive tranchant, Il m'a couvert de l'ombre de sa main; Il a fait de moi une flèche aiguë, Il m'a caché dans son carquois. Esaïe 49:2

La parole de Dieu est comparée à beaucoup de choses : tantôt une semence qui doit produire son fruit, tantôt le pain spirituel qui nourrit le croyant, parfois un lait spirituel pur, et d'autre fois la lampe qui éclaire, etc.

Ici, elle est comme une épée aiguë et tranchante sortant de la bouche du Seigneur.

Car la parole de Dieu est vivante et efficace, plus tranchante qu'une épée quelconque à deux tranchants, pénétrante jusqu'à partager âme et esprit, jointures et moelles; elle juge les sentiments et les pensées du cœur. Hébreux 4:12

Le message adressé au messager de l'église de Pergame parle de sa persévérance dans la foi, malgré une situation difficile.

L'église est situé dans un ville ou règne Satan. La ville de Pergame était à l'époque un grand centre d'idolâtrie. L'idolâtrie est une communion avec les démons. 1 Corinthiens 10. 19

Dans ces temples d'idoles on prenait des repas composés d'aliments offerts en sacrifices aux dieux. C'est pourquoi les apôtres mettaient en garde les chrétiens au sujet de l'idolâtrie.

L'acropole de Pergame surmontait une colline escarpée, s'élevant à 304m au-dessus de la plaine. A proximité du sommet se dressait un autel monumental, qu'avait élevé Eumène II, pour commémorer la victoire de son père sur les Gaulois.

Un temple dédié à Athéna se trouvait tout près de cet autel. A l'époque romaine, on bâtit sur l'acropole un temple consacré à l'empereur Auguste. A l'extérieur de la cité, il y avait le célèbre sanctuaire d'Asklepios (Esculape), dieu de la médecine, qui attirait les foules.

Pergame est l'un des sites archéologiques les plus fouillés du monde, principalement par les Allemands. Ils y ont travaillé depuis la fin du 19e siècle.

A Pergame se trouvait l'énorme autel de Zeus (15 m. de haut depuis la terrasse sur laquelle il est bâti), il fut démonté et transporté à Berlin, où il se trouve toujours au musée "Pergamon".

Il y a aussi les restes d'autres temples- d'Athéna, de Dionysos et d'Esculape dont l'emblème était un serpent (salué par l'empereur Caracalla d'un salut à l'hitlérienne).

Certains se sont demandé si ce sont ces lieux de culte païens qui ont fait nommer Pergame "le trône de Satan". Apoc. 2.13

D'autres croient que cette mention est plutôt due au fait que Pergame était alors la capitale romaine de la province d'Asie et que le culte de l'empereur, au cours duquel on devait brûler de l'encens en l'honneur de l'empereur, constituait certainement une grande épreuve pour l'Église.

Probablement. les deux faits se conjuguaient pour que Pergame soit stigmatisée de cette manière.

On comprend que dans un tel contexte il était difficile de rester fidèle et ce parfois au prix du martyr. C'est pour cela que le Seigneur souligne le courage de son serviteur :

> *Tu retiens mon nom, et tu n'as pas renié ma foi, même aux jours d'Antipas, mon témoin fidèle, qui a été mis à mort chez vous, là où Satan a sa demeure.*

Cependant le message comprend un reproche :

> *Mais j'ai quelque chose contre toi, c'est que tu as là des gens attachés à la doctrine de Balaam, qui enseignait à Balak à mettre une pierre d'achoppement devant les fils d'Israël, pour qu'ils mangeassent des viandes sacrifiées aux idoles et qu'ils se livrassent à l'impudicité. Apocalypse 2:14*

La doctrine des Nicolaïtes se singularisait par la pratique que Balaam avait conseillé au roi de Moab, Balak, d'envoyer les filles de son peuple séduire les hommes d'Israël, les entraînant à la débauche et à l'idolâtrie dans les plaines de Moab.

> *Voici, ce sont elles qui, sur la parole de Balaam, ont entraîné les enfants d'Israël à l'infidélité envers l'Éternel, dans l'affaire de Peor; et alors éclata la plaie dans l'assemblée de l'Éternel. Nombres 31:16*

De même les Nicolaïtes enseignaient qu'il était possible de vivre la vie chrétienne tout en se mêlant aux païens qui se livraient à la débauche et à l'idolâtrie dans leurs temples des faux dieux.

De plus, souvent dans ces villes païennes, les activités professionnelles étaient plus ou moins liées aux pratiques idolâtres.

Alors le Seigneur reproche à son serviteur de laisser faire ce compromis avec le péché.

Quels sont aujourd'hui, les formes de compromis que nous pouvons avoir avec le monde ?

> *N'aimez point le monde, ni les choses qui sont dans le monde. Si quelqu'un aime le monde, l'amour du Père n'est point en lui; car tout ce qui est dans le monde, la convoitise de la chair, la convoitise des yeux, et l'orgueil de la vie, ne vient point du Père, mais vient du monde. 1 Jean 2.15/16*

L'idolâtrie peut prendre différents aspects allant de l'attachement excessifs aux personnes jusqu'à la cupidité.

> *Faites donc mourir les membres qui sont sur la terre, l'impudicité, l'impureté, les passions, les mauvais désirs, et la cupidité, qui est une*

> *idolâtrie. Colossiens 3:5*

L'une des responsabilités des serviteurs de Dieu est d'avoir un enseignement sans concession avec le péché et d'intervenir avec fermeté lorsque l'église se laisse entraîner dans des compromis avec le monde et l'esprit du monde.

La Parole de Dieu doit être annoncée dans toute sa force, comme l'épée dont va se servir l'Esprit de Dieu, pour pénétrer au plus profond du cœur, afin d'amener à la repentance et à la foi.

Repens-toi donc !

Le Seigneur parle à son serviteur, car il doit réagir pour avertir et prendre des décisions énergiques contre ceux qui entraînent les autres au péché. Sinon c'est le Seigneur lui même qui va intervenir par une parole de jugement qui atteindra les coupables.

> *Repens-toi donc; sinon, je viendrai à toi bientôt, et je les combattrai avec l'épée de ma bouche. Apocalypse 2:16*

Que celui qui sait écouter, comprenne l'avertissement du Seigneur et en tienne compte, car ici la parole s'adresse à chacun.

Voici la récompense :

> *A celui qui vaincra je donnerai de la manne cachée, et je lui donnerai un caillou blanc; et sur ce caillou est écrit un nom nouveau, que personne ne connaît, si ce n'est celui qui le reçoit. Apocalypse 2:17*

La manne cachée est le symbole d'une nourriture qui provient de la communion intime et personnelle avec le Seigneur, Le pain de vie, le pain du ciel, qui nous rassasie pleinement.

> *J'ai l'âme calme et tranquille, comme un enfant sevré qui est auprès de sa mère. Psaume 131.2*

Le caillou blanc, chez les Grecs, était le symbole de l'acquittement, un caillou noir celui de la condamnation. Le caillou blanc implique la justification, l'innocence et la victoire.

Les vainqueurs des jeux olympiques recevaient des pierres gravées de leur nom comme un trophée attestant leur victoire. Une petite pierre blanche d'usage courant pour des inscriptions dont la couleur symbolise le caractère céleste et pur du chrétien victorieux. Le nom inscrit est la garantie de la participation à la gloire à venir, comme une pièce d'identité octroyant l'entrée dans le royaume de la gloire de Dieu et de Christ.

Un nom nouveau. Il s'agit de cette relation personnelle que chaque racheté doit connaître avec son Seigneur selon les paroles de Jésus :

> *Il appelle par leur nom les brebis qui lui appartiennent, et il les conduit dehors...Il marche devant elles; et les brebis le suivent, parce qu'elles connaissent sa voix. Jean 10.3/4*

Il doit exister dans notre relation avec le Seigneur une telle intimité (communion) que nous sommes sensibles au son de sa voix et à sa présence en nous. Alors nous savons quand il nous parle, s'adresse à nous et nous appelle.

Ce nom est donné seulement à celui qui a vaincu, qui a tranché entre les compromis du péché et du monde par son attachement fidèle au Seigneur.

Il décrit notre nouvelle relation avec Dieu et avec l'Agneau et cette relation est tout à fait personnelle. Elle dépasse toute forme de piété extérieure et se situe au niveau de notre propre cœur.

C'est cela qui est finalement le plus important : la connaissance que le Seigneur a de nous et la relation que nous cultivons avec Lui.

A celui qui vaincra ...

Cette parole répétée en conclusion de chacune des sept lettres, nous rappelle que notre vie de racheté et de disciple du Seigneur est un combat constant, dans lequel nous sommes appelés à sortir victorieux.

Ecris au messager de l'église de Thyatire

En commençant la réflexion sur cette lettre je me dis que les églises à qui le Seigneur s'adresse n'ont pas été choisies au hasard.

Chacune représente un type d'église et une situation particulière. Aucune d'elles ne se ressemble et on peut dire que l'ensemble de ces sept églises représentent les églises du Seigneur sur la terre dans toutes les générations.

Je remarque aussi qu'elles sont entièrement autonomes les unes par rapport aux autres, et si, comme je le crois, des liens de relations existaient entre elles, car elles étaient géographiquement assez proches, elles conservaient leur propre fonctionnement et direction.

Que se passe-t-il à Thyatire ?

Il y a de grandes qualités : l'amour, la foi, le zèle, la constance, la persévérance...

Cependant le responsable encourt les reproches du Seigneur à cause de son laxisme. Les dirigeants laissent une femme corrompue séduire et entraîner dans le péché certains membres influents de l'église.

Le Seigneur va être sévère et manifester son jugement à la vue de tous, afin que toutes les églises sachent qu'il connaît toutes choses et qu'il juge sévèrement. C'est pour cela qu'Il se présente à elle comme *"le Fils de Dieu, celui qui a les yeux comme une flamme de feu, et dont les pieds sont semblables à de l'airain ardent"*

Lorsque nous pensons à Jésus, nous le voyons en général comme le fils de l'homme des évangiles, Jésus de Nazareth, qui allait de lieu en lieu faisant du bien et guérissant tous ceux qui étaient sous l'empire du diable, car Dieu était avec lui. Actes 10.38

Mais si nous voulons le connaître réellement dans tous les aspects de sa personne nous devons aussi avoir la vision du Fils de Dieu dans sa gloire, tel qu'il se présente à l'apôtre Jean. (Apoc.1.12/18)

Le Seigneur Jésus-Christ juge et gouverne SON Eglise, même si nous n'en sommes pas toujours conscients.

Il y a deux endroits et deux moments différents pour le jugement que Le Seigneur Jésus exerce sur ses rachetés :

1) dans les églises sur la terre.

2) lorsque nous comparaîtrons devant son tribunal :

> *Car il nous faut tous comparaître devant le tribunal de Christ, afin que chacun reçoive selon le bien ou le mal qu'il aura fait, étant dans son corps. (2 Corinthiens 5:10)*

> *l'œuvre de chacun sera manifestée; car le jour la fera connaître, parce qu'elle se révèlera dans le feu, et le feu éprouvera ce qu'est l'œuvre de chacun. Si l'œuvre bâtie par quelqu'un sur le fondement subsiste, il recevra une récompense. Si l'œuvre de quelqu'un est consumée, il perdra sa récompense; pour lui, il sera sauvé, mais comme au travers du feu. (1 Corinthiens 3.12/15)*

Au messager de Thyatire, le Seigneur annonce un jugement imminent :

> *C'est pourquoi, je vais la jeter sur un lit de douleur ; j'infligerai également de grands tourments à ses compagnons d'adultère, à moins qu'ils ne renoncent aux mauvaises actions qu'elle leur inspire. De plus, je ferai mourir ses enfants. Ainsi toutes les Églises sauront que je suis celui qui discerne les pensées et les désirs des humains. Je traiterai chacun de vous selon ce qu'il aura fait. (Apoc. 2.23 - 2 Corinthiens 5:10)*

Avec cette lettre ainsi que dans d'autres passages du Nouveau Testament nous apprenons comment le Saigneur intervient parfois avec sévérité. Il y a toujours des raisons justes pour les jugements divins.

Dès les débuts de l'Eglise à Jérusalem, un événement tragique nous enseigne la nécessité de mettre en garde les disciples contre les séductions de Satan et la corruption de l'église.

> *Un homme nommé Ananias, avec Saphira sa femme, vendit une propriété, et retint une partie du prix, sa femme le sachant; puis il apporta le reste, et le déposa aux pieds des apôtres.*
>
> *Pierre lui dit: Ananias, pourquoi Satan a-t-il rempli ton coeur, au point que tu mentes au Saint-Esprit, et que tu aies retenu une partie du prix du champ? S'il n'eût pas été vendu, ne te restait-il pas? Et, après qu'il a été vendu, le prix n'était-il pas à ta disposition? Comment as-tu pu mettre en ton cœur un pareil dessein? Ce n'est pas à des hommes que tu as menti, mais à Dieu. Ananias, entendant ces paroles, tomba, et expira. Une grande crainte saisit tous les auditeurs.*
>
> *Environ trois heures plus tard, sa femme entra, sans savoir ce qui était arrivé.*
>
> *Pierre lui adressa la parole: Dis-moi, est-ce à un tel prix que vous avez vendu le champ? Oui, répondit-elle, c'est à ce prix-là.*
>
> *Alors Pierre lui dit: Comment vous êtes-vous accordés pour tenter l'Esprit du Seigneur? Voici, ceux qui ont enseveli ton mari sont à la porte, et ils t'emporteront.*
>
> *Au même instant, elle tomba aux pieds de l'apôtre, et expira. Les jeunes gens, étant entrés, la trouvèrent morte; ils l'emportèrent, et l'ensevelirent auprès de son mari.*
>
> *Une grande crainte s'empara de toute l'assemblée et de tous ceux qui apprirent ces choses.*

Actes 5:1-11

Dans l'église des Corinthiens, le Seigneur juge ceux qui ont une conduite coupable envers "le corps de Christ", c'est à dire l'Eglise du Seigneur qu'ils méprisent. 1 Corinthiens 11:11-38

> *C'est pour cela qu'il y a parmi vous beaucoup d'infirmes et de malades, et qu'un grand nombre sont morts. Si nous nous jugions nous-mêmes, nous ne serions pas jugés. Mais quand nous sommes jugés, nous sommes châtiés par le Seigneur, afin que nous ne soyons pas condamnés avec le monde.*

Concernant l'église de Thyatire, nous remarquons que le Seigneur intervient lorsque les responsables ne remplissent pas leur devoir. Ce que l'apôtre Paul reproche aussi à ceux de l'église de Corinthe. 1 Corinthiens 5

Il y deux sortes de jugements concernant les membres du corps de Christ :

- celui qui concerne chacun en particulier : que chacun se juge soi-même. 1 Cor. 11:28

- celui qui regarde l'église ou l'assemblée. 1 Corinthiens 5:13

A Thyatire le Seigneur va exercer son jugement sur la fausse prophétesse, mais aussi sur ceux qui se sont laissé entraînés

> *Mais ce que j'ai contre toi, c'est que tu laisses la femme Jézabel, qui se dit prophétesse, enseigner et séduire mes serviteurs, pour qu'ils se livrent à l'impudicité et qu'ils mangent des viandes sacrifiées aux idoles. (Apocalypse 2:20)*

L'impudicité et l'idolâtrie sont déjà reprochées à certaines personnes de l'église de Pergame, mais à Thyatire le Seigneur souligne l'action séductrice de la femme Jézabel qui se présente comme une prophétesse c'est à dire comme apportant un message soi-disant reçu de Dieu. D'où la nécessité d'être vigilants concernant des paroles prophétiques qui sont en opposition flagrante avec l'enseignement des Écritures.

Nous voyons une similitude avec ce qui s'est produit au temps du prophète Élie, sous le règne du roi Achab, est saisissante.

> *Le peuple s'était laissé entraîner par les prophètes de Baal et d'Astarté, sous l'inspiration et l'autorité de la reine Jézabel. Comme lorsque Balaam avait inspiré ce système de séduction, dont il est question dans le chapitre précédent, concernant l'église de Pergame, mêlant impureté et idolâtrie..*

L'idolâtrie détourne de Dieu en ce qu'elle conduit à le remplacer par d'autres dieux.

Il y a dans le monde religieux différentes formes d'idolâtrie : des statues et des cultes à des faux dieux, des représentations de Dieu, du Christ, des anges, des saints, etc, devant lesquelles on se prosterne ou s'agenouille et que l'on prie. Certains temples sont pleins d'idoles qui attirent la dévotions de milliers de personnes. C'est une désobéissance flagrante à la Parole de Dieu et une séduction de l'idolâtrie. Exode 20.4/6

> *Tu ne te feras point d'image taillée, ni de représentation quelconque des choses qui sont en haut dans les cieux, qui sont en bas sur la terre, et qui sont dans les eaux plus bas que la terre.*
>
> *Tu ne te prosterneras point devant elles, et tu ne les serviras point; car moi, l'Éternel, ton Dieu, je suis un Dieu jaloux, qui punis l'iniquité des pères sur les enfants jusqu'à la troisième et la quatrième génération de ceux qui me haïssent, et qui fais miséricorde jusqu'en mille générations à ceux qui m'aiment et qui gardent mes commandements.*
>
> *Deutéronome 4:15/16 Puisque vous n'avez vu aucune figure le jour où l'Eternel vous parla du milieu du feu, à Horeb, veillez attentivement sur vos âmes, de peur que vous ne vous corrompiez et que vous ne vous fassiez une image taillée, une représentation de quelque idole, la figure d'un homme ou d'une femme...()*

Il y a aussi d'autres formes d'idolâtrie bien plus subtiles : celle qui élève les être humains plus que cela ne doit être, celle qui remplace les dons et les moyens de Dieu par les ressources et les forces humaines, celle qui s'attache aux richesses terrestres : Mammon, (Luc 16.13/14)

Fuyez l'idolâtrie, dit le Seigneur.

La fausse prophétesse de Thyatire entrainait aussi les gens à l'impudicité en donnant un enseignement qui consistait à faire croire aux disciples que le principe de liberté le permettait. Or, l'impudicité, l'inconduite, la fornication, l'adultère et le dérèglement sexuel, sont aussi sévèrement réprimés par la Parole de Dieu car ces choses asservissent l'être entier à la dépendance des désirs immodérés du corps. De plus l'impureté est comme une odeur nauséabonde qui détourne et tient éloigné le Saint-Esprit.

> *Fuyez l'impudicité. Quelque autre péché qu'un homme commette, ce péché est hors du corps; mais celui qui se livre à l'impudicité pèche contre son propre corps.*

> *Ne savez-vous pas que votre corps est le temple du Saint-Esprit qui est en vous, que vous avez reçu de Dieu, et que vous ne vous appartenez point à vous-mêmes? Car vous avez été rachetés à un grand prix. Glorifiez donc Dieu dans votre corps et dans votre esprit, qui appartiennent à Dieu. (1 Corinthiens 6:18/20)*

> *Or, les œuvres de la chair sont manifestes, ce sont l'impudicité, l'impureté, la dissolution, (Galates 5:19)*

> *Que l'impudicité, qu'aucune espèce d'impureté, et que la cupidité, ne soient pas même nommées parmi vous, ainsi qu'il convient à des saints. (Éphésiens 5:3)*

> *Faites donc mourir les membres qui sont sur la terre, l'impudicité, l'impureté, les passions, les mauvais désirs, et la cupidité, qui est une idolâtrie. (Colossiens 3:5)*

A ce sujet il existe beaucoup d'autres passages, mais ceux ci sont suffisamment éloquents pour que nous comprenions la sévérité du Seigneur envers ses serviteurs qui laissent ces choses se pratiquer dans les églises.

Lorsque nous laissons faire le mal dans les églises sans intervenir nous sommes répréhensibles, mais lorsqu'un enseignement de tolérance à l'égard du péché est apporté par des personnes ayant autorité cela peut-être considéré comme une inspiration diabolique.

Écoutons ce que le Seigneur dit concernant cette Jézabel et ceux qui la suivent, ses enfants :

> *Je lui ai donné du temps, afin qu'elle se repentît, et elle ne veut pas se repentir de son impudicité. Voici, je vais la jeter sur un lit, et envoyer une grande tribulation à ceux qui commettent adultère avec elle, à moins qu'ils ne se repentent de leurs oeuvres. Je ferai mourir de mort ses enfants; et toutes les Églises connaîtront que je suis celui qui sonde les reins et les cœurs, et je vous rendrai à chacun selon vos oeuvres. (Apoc.2.21/23)*

C'est toujours le même message, celui qui retentît depuis le début : Repentez vous, revenez de votre mauvaise voie.

. La repentance a sauvé Ninive.

. Les villes de Sodome, de Gomorrhe et de toute la contrée ont été détruites, parce qu'elles n'ont pas été attentives à la conduite juste de Lot.

. Les gens du temps de Noé ont été engloutis par le déluge, parce qu'ils n'ont écouté, ni Énoch, ni Noé, prophètes et prédicateurs de la justice.

. Les villes de Capernaüm et Bethsaïda, seront jugés très sévèrement parce qu'elles ne sont pas repenties lors du message de Jésus, qui prêchait en disant : si vous ne vous repentez pas vous périrez ! (Luc 13:3)

Cependant le Seigneur use de patience : Je lui ai donné du temps, afin qu'elle se repentît

> *Si mon peuple sur qui est invoqué mon nom s'humilie, prie, et cherche ma face, et s'il se détourne de ses mauvaises voies, -je l'exaucerai des cieux, je lui pardonnerai son péché, et je guérirai son pays. (2 Chroniques 7:14)*

Mais s'il rencontre de la résistance et du non vouloir, alors vien le jugement :

> *Elle ne veut pas se repentir. Voici, je vais la jeter sur un lit, et envoyer une grande tribulation à ceux qui commettent adultère avec elle, à moins qu'ils ne se repentent de leurs œuvres.*

> *Je ferai mourir de mort ses enfants; et toutes les églises connaîtront que je suis celui qui sonde les reins et les cœurs, et je vous rendrai à chacun selon vos oeuvres. (2.21/22)*

> *A ceux qui se gardent de la séduction de cette doctrine pernicieuse, le Seigneur ne veut pas les charger de fardeaux supplémentaires, Il leur demande simplement de retenir ce qu'ils ont jusqu'à ce son retour. (Apoc. 2.24/25)*

A nouveau, le Seigneur exhorte à surmonter le mal par lequel nous sommes tentés, à ne pas nous laisser entraîner par la séduction, mais au contraire à la dénoncer :

> *A celui qui vaincra, et qui gardera jusqu'à la fin mes œuvres, je donnerai autorité sur les nations.*

> *Il les paîtra avec une verge de fer, comme on brise les vases d'argile, ainsi que moi-même j'en ai reçu le pouvoir de mon Père.*

> *Et je lui donnerai l'étoile du matin.*

Nous ne sommes pas suffisamment conscients de l'avenir que le Seigneur réserve à ses élus. Notre destinée éternelle est de régner, gouverner, associés au Seigneur, dans le royaume de Dieu. Ceux qui ont eu part à la première résurrection (les "justes" et les martyrs de la tribulation) règnent avec le Seigneur. (Apoc. 20.4, 6; 2.26-27; Da 7.27 - 1 Cor. 6.2-3.)

Je lui donnerai l'étoile du matin.

L'étoile du matin est un des titres de Christ : *Je suis le rejeton et la postérité de David, l'étoile brillante du matin. (Apoc. 22:16)*

Elle est le symbole de la résurrection, comme lorsqu'elle paraît au matin dans le ciel annonçant la levée du jour qui vient. Jésus dit : *Je suis la résurrection et la vie. Celui qui croit en moi vivra, quand même il serait mort. (Jean 11:25)*

L'étoile brillante du matin, c'est cette formidable espérance qui brille dans nos cœurs : comme Christ est ressuscité dans la gloire de son Père ainsi nous ressusciterons aussi et seront semblables à lui !

> *Et nous tenons pour d'autant plus certaine la parole prophétique, à laquelle vous faites bien de prêter attention, comme à une lampe qui brille dans un lieu obscur, jusqu'à ce que le jour vienne à paraître et que l'étoile du matin se lève dans vos cœurs. (2 Pierre 1:19)*

Non seulement cela, mais "Lui", Christ instaurera un véritable partenariat avec lui-même; il partagera son autorité avec ses rachetés victorieux.

A celui qui vaincra ! Cette victoire est l'objectif de tous ceux qui croient non seulement en paroles, mais qui s'efforcent chaque jour de surmonter le mal en faisant ce qui plait au Seigneur.

Que celui qui a des oreilles entende ce que l'Esprit dit aux églises!

Ecris au messager de l'église de Sardes

C'est l'église des apparences ! Certains comportements ou activités peuvent donner le change aux hommes mais on ne trompe pas le Seigneur des églises, celui qui a les sept esprits de Dieu : la plénitude de la connaissance et de la sagesse divine, Celui qui tient les messagers dans sa main droite. Tout ministère utile vient de Lui.

Dans la lettre au messager de l'église de Sardes, il se présente comme Celui qui a les sept esprits de Dieu et les sept étoiles, celui qui oint ses serviteurs et qui a sur eux l'autorité.

Concernant le messager de l'église de Sardes, le Seigneur connait où il en est réellement : *"Tu passes pour être vivant, mais tu es mort "!*

Les apparences sont toujours trompeuses et c'est terrible lorsqu'un homme de Dieu tente de sauver les apparences alors qu'il sait que la vie de l'Esprit s'en va ou s'en est allé. Lorsque la chair se substitue à l'Esprit la vie n'est plus communiquée malgré qu'une certaine énergie soit manifestée. D'ailleurs l'église elle-même s'en ressent.

Dans l'église de Sardes, seulement quelques hommes ne souillaient pas leurs vêtements, persévéraient dans la sanctification, mais le reste de l'église s'était éloigné de la vérité, à l'exemple de son conducteur spirituel.

Cependant, dans toutes les situations d'éloignement, le Seigneur appel à un retour en se souvenant des premiers élans : Souviens-toi de quelle façon tu as entendu et reçu la Parole !

Souviens toi ! repens-toi et reviens ! C'est toujours le même message, celui d'autre fois et celui d'aujourd'hui.

L'Éternel disait, en réponse à la prière de Salomon : *si mon peuple sur qui est invoqué mon nom s'humilie, prie, et cherche ma face, et s'il se détourne de ses mauvaises voies, -je l'exaucerai des cieux, je lui pardonnerai son péché, et je guérirai son pays."* 2 Chroniques 7.13/14)

Sois vigilant

Jésus a souvent exhorté ses disciples à la vigilance, être attentif, en éveil, afin de ne pas se laisser aller dans un état d'assoupissement, de relâchement et d'affaiblissement spirituel, car c'est alors que l'ennemi nous surprend comme le voleur qui vient pour piller la maison.

Attention aux apparences, nous pouvons tromper les autres et nous tromper nous mêmes, mais nous ne pouvons tromper le Seigneur. Il sait lorsque nous agissons pour lui, en vérité. Il nous exhorte à combattre la vanité des apparences, de la fausse gloire, et à vaincre les souillures du monde afin de garder blancs nos vêtements, dans l'attente d'une marche glorieuse avec Lui. (Apoc. 3.5)

Je n'effacerai point son nom du livre de vie

Il y a un livre dans lequel nos noms sont écrits. Ce n'est pas un livre matériel, ni en papier, ni en parchemin, ni même en feuilles d'or. C'est le livre qui a été ouvert dès la fondation du monde, le livre de vie de l'Agneau . Apoc.13.8 - Apoc. 17.8 - 20.12

Différent de tous les livres, il est tenu à jour dans la mémoire de Christ et de Dieu, les noms de ceux qui appartiennent à Christ y sont écrits car le sang de l'Agneau qui a été immolé, les a lavés et purifiés de leurs péchés. Ceux qui sont écrits dans ce livre, ne viennent pas en jugement.

Il y aurait-il, une possibilité d'être effacé de son livre ? C'est bien ce que je crois lire dans cette parole : *"Pour celui qui vaincra, je n'effacerai pas son nom du livre de vie".*

Il s'agit donc de persévérer dans la foi en Christ, comme il est écrit : *Nous, nous ne sommes pas de ceux qui se retirent pour se perdre, mais de ceux qui ont la foi pour sauver leur âme.* Hébreux 10:39

Au jour du jugement dernier, des livres seront ouverts :

> *Et je vis les morts, les grands et les petits, qui se tenaient devant le trône. Des livres furent ouverts. Et un autre livre fut ouvert, celui qui est le livre de vie. Et les morts furent jugés selon leurs oeuvres, d'après ce qui était écrit dans ces livres. (Apocalypse 20:12)*

> *Celui qui vaincra sera revêtu ainsi de vêtements blancs; je n'effacerai point son nom du livre de vie, et je confesserai son nom devant mon Père et devant ses anges. (Apoc.3.5)*

Les vainqueurs de l'église de Sardes sont ceux qui n'ont pas souillé leurs vêtements. Ils se sont préservés des souillures du monde. Même dans un milieu défavorable, on peut se préserver.

Il y a un danger pour les enfants de Dieu : la promiscuité avec le monde : sa mentalité, ses comportements, ses plaisirs.

Lorsque nous avons entendu et reçu la Parole de Dieu, elle nous appelait à la sanctification, à rompre avec nos péchés et à marcher dans la pureté. Son message est toujours le même et actuel. Nous devons nous en souvenir et revenir à nos premiers engagements concernant la sanctification, marcher en vêtements blancs.

> *Rappelle-toi donc comment tu as reçu et entendu, et garde, et repens-toi. Si tu ne veilles pas, je viendrai comme un voleur, et tu ne sauras pas à quelle heure je viendrai sur toi. Apocalypse 3:3*

Une vraie conversion change notre mentalité à l'égard de Dieu concernant notre façon de vivre. Nous prenons des résolutions de sainteté et de justice.

Mais lorsque notre vigilance et notre détermination se relâchent nous en arrivons aux compromis avec le monde. Rappelons nous constamment ces paroles de Dieu :

> *Adultères que vous êtes! ne savez-vous pas que l'amour du monde est inimitié contre Dieu? Celui donc qui veut être ami du monde se rend ennemi de Dieu. Jacques 4:4*

En effet, si, après s'être retirés des souillures du monde, par la connaissance du Seigneur et Sauveur Jésus-Christ, ils s'y engagent de nouveau et sont vaincus, leur dernière condition est pire que la première. 2 Pierre 2:20

N'aimez point le monde, ni les choses qui sont dans le monde. Si quelqu'un aime le monde, l'amour du Père n'est point en lui; car tout ce qui est dans le monde, la convoitise de la chair, la convoitise des yeux, et l'orgueil de la vie, ne vient point du Père, mais vient du monde.

Et le monde passe, et sa convoitise aussi; mais celui qui fait la volonté de Dieu demeure éternellement. 1 Jean 2.15/17

Cependant, tant que l'appel du Seigneur nous parvient, rien n'est perdu, il faut seulement se repentir et revenir à de bonnes dispositions :

Celui qui vaincra sera revêtu ainsi de vêtements blancs; je n'effacerai point son nom du livre de vie, et je confesserai son nom devant mon Père et devant ses anges. Apocalypse 3:5

Il y a une victoire à prendre sur les souillures du monde et du péché. ?ous pouvons vaincre en cherchant notre force dans la communion du Seigneur. Jésus nous recommande d'être vigilant et persévérant dans la prière afin de surmonter la tentation :

Veillez et priez, afin que vous ne tombiez pas dans la tentation; l'esprit est bien disposé, mais la chair est faible. Matthieu 26:41

Le Seigneur priait constamment son Père et dans les dernières heures de sa vie terrestre, sa prière devenait plus intense. C'est alors qu'un ange vint pour le soutenir. (Luc 22.43)

Nous pouvons aussi vaincre, lorsque nous recherchons notre secours auprès de notre Père céleste et que la Parole de Dieu demeure en nous.

Je vous ai écrit, pères, parce que vous avez connu celui qui est dès le commencement. Je vous ai écrit, jeunes gens, parce que vous êtes forts, et que la parole de Dieu demeure en vous, et que vous avez vaincu le malin. 1 Jean 2:14

Grâces soient rendues à Dieu, qui nous donne la victoire par notre Seigneur Jésus-Christ! (1 Corinthiens 15:57)

> *Tout ce qui est né de Dieu triomphe du monde; et la victoire qui triomphe du monde, c'est notre foi. (1 Jean 5:4)*

Que celui qui a des oreilles entende ce que l'Esprit dit aux Églises!

Ecris au messager de l'église de Philadelphie,

L'église sans grande puissance aux yeux des hommes, mais fidèle à la Parole de Dieu, placée dans une situation de victoire et gardée de la séduction à cause de son attachement aux paroles de son Maître qui vient vers elle comme Celui qui a autorité pour ouvrir et fermer. *Le Saint, le Véritable, celui qui a la clef de David, celui qui ouvre, et personne ne fermera, celui qui ferme, et personne n'ouvrira.*

Il n'y a rien à rajouter à ses paroles, nous avons très bien compris leur signification en rapport avec la situation présente :

> *Tu as peu de puissance, mais parce que tu as gardé ma parole, et que tu n'as pas renié mon nom, j'ai mis devant toi une porte ouverte, que personne ne peut fermer.*

Le Seigneur est le décideur souverain et son autorité est incontestable. Il dit ailleurs : *Tout pouvoir m'a été donné dans le ciel et sur la terre.*

La nature du Seigneur, sainteté et vérité, est la garantie de ses paroles et de ses promesses.

Sa puissance souveraine nous assure que rien ni personne ne peut s'opposer à ses desseins en faveur de ceux qui se confient en lui.

Nous redécouvrons dans cette lettre une autre vérité proclamée par le prophète Zacharie :

> *C'est ici la parole que l'Éternel adresse à Zorobabel: Ce n'est ni par la puissance ni par la force, mais c'est par mon esprit, dit l'Éternel des armées. Zacharie 4:6*

Il est indispensable que nous reconnaissions que l'œuvre de Dieu ne dépend pas de notre force, de notre puissance, de nos moyens et de nos méthodes, mais uniquement de l'action de son Esprit.

Jésus a dit son serviteur affligé : *Ma grâce te suffit, car ma puissance s'accomplit dans la faiblesse.*

Et Paul a très bien compris : *Je me glorifierai donc bien plus volontiers de mes faiblesses, afin que la puissance de Christ repose sur moi. 2 Corinthiens 12:9*

Avec ce message, nous aussi comprenons encore mieux que ce qui importe c'est la fermeté de notre foi dans la Parole de Dieu et en la personne de Jésus. Beaucoup ont la Parole, mais il n'ont pas le Seigneur lui-même.

Jésus dit au messager de l'église de Philadelphie : *tu as gardé ma parole, et que tu n'as pas renié mon nom ... tu as gardé la parole de la persévérance en moi*

Notre foi dans la Parole de Christ n'est pas uniquement des mots mis les uns après les autres que nous retiendrions comme des formules saintes, mais la confiance que nous plaçons dans le Seigneur lui-même à cause de Sa Parole entendue et reçue qui fait que nous nous attachons à LUI et persévérons dans cet attachement.

Il n'y a plus alors de prosélytisme acharné pour conquérir les autres mais le Seigneur fait que nos ennemis les plus maléfiques viennent reconnaître l'amour que Dieu a pour nous.

Réfléchissons à cette parole du Seigneur : parce que...

> *"Voici, parce que tu as peu de puissance, et que tu as gardé ma parole, et que tu n'as pas renié mon nom, j'ai mis devant toi une porte ouverte, que personne ne peut fermer." Apocalypse 3:8*

> *"Parce que tu as gardé la parole de la persévérance en moi, je te garderai aussi à l'heure de la tentation qui va venir sur le monde entier, pour éprouver les habitants de la terre." Apocalypse 3:10*

Des promesses de bénédiction sont attachées à la foi et à la persévérance des disciples :

. Une porte ouverte

Il s'agit premièrement de l'accès que nous avons auprès de notre Père céleste, par notre Seigneur Jésus-Christ, une porte toujours ouverte, par laquelle nous entrons pour recevoir la vie éternelle et être secourus dans nos besoins.

> *Car par lui nous avons les uns et les autres accès auprès du Père, dans un même Esprit. Éphésiens 2:18*

Cette porte est aussi l'accès que le Seigneur nous ouvre pour sa Parole parmi ceux que nous voulons atteindre avec la Bonne Nouvelle.

Dans un cas comme dans l'autre, il est certain que l'ouverture de la porte dépend de LUI qui a la clé, c'est à dire le pouvoir d'ouvrir ... ou de fermer.

. Gardé de la dernière épreuve

Une tentation va venir sur le monde entier pour éprouver les habitants de la terre. Ceux qui gardent fidèlement la parole de Jésus en sont préservés. Apocalypse 3.10

" L'heure de la tentation qui doit venir sur le monde entier " est la grande séduction dont parle l'apôtre Jean, en Apocalypse 13.13/14 :

Jésus avait déjà annoncé que cette séduction aurait pu atteindre les élus.

> *Car il s'élèvera de faux Christs et de faux prophètes; ils feront de grands prodiges et des miracles, au point de séduire, s'il était possible, même les élus. Voici, je vous l'ai annoncé d'avance.*
>
> *Si donc on vous dit: Voici, il est dans le désert, n'y allez pas; voici, il est dans les chambres, ne le croyez pas.*
>
> *Car, comme l'éclair part de l'orient et se montre jusqu'en occident, ainsi sera l'avènement du Fils de l'homme. Matthieu 24 .24/28*

A nouveau, le Seigneur adresse une mise en garde à ses élus, car il sait que les plus fidèles sont sujets à la faiblesse : *Je viens bientôt. Retiens ce que tu as, afin que personne ne prenne ta couronne. Apocalypse 3:11*

. Une couronne est réservée à ceux qui persévèrent jusqu'au bout dans la Parole de Christ, attendant et aimant son avènement :

> *Désormais la couronne de justice m'est réservée; le Seigneur, le juste juge, me la donnera dans ce jour-là, et non seulement à moi, mais encore à tous ceux qui auront aimé son avènement. 2 Timothée 4:8*
>
> *Heureux l'homme qui supporte patiemment la tentation; car, après avoir été éprouvé, il recevra la couronne de vie, que le Seigneur a promise à ceux qui l'aiment. Jacques 1:12*
>
> *Et lorsque le souverain pasteur paraîtra, vous obtiendrez la couronne incorruptible de la gloire. 1 Pierre 5:4*

C'est la résurrection glorieuse des élus lors du retour du Seigneur et de notre réunion avec lui.

Et même je regarde toutes choses comme une perte, à cause de l'excellence de la connaissance de Jésus-Christ mon Seigneur, pour lequel j'ai renoncé à tout, et je les regarde comme de la boue, afin de gagner Christ, et d'être trouvé en lui, non avec ma justice, celle qui vient de la loi, mais avec celle qui s'obtient par la foi en Christ, la justice qui vient de Dieu par la foi,

Afin de connaître Christ, et la puissance de sa résurrection, et la communion de ses souffrances, en devenant conforme à lui dans sa mort, pour parvenir, si je puis, à la résurrection d'entre les morts.

Ce n'est pas que j'aie déjà remporté le prix, ou que j'aie déjà atteint la perfection; mais je cours, pour tâcher de le saisir, puisque moi aussi j'ai été saisi par Jésus-Christ.

Frères, je ne pense pas l'avoir saisi; mais je fais une chose: oubliant ce qui est en arrière et me portant vers ce qui est en avant, je cours vers le but, pour remporter le prix de la vocation céleste de Dieu en Jésus-Christ. Philippiens 3.8/14

C'est le prix de notre appel céleste, pour lequel nous courons avec persévérance, en prenant garde de ne pas nous laisser séduire par cette tentation qui va venir sur tous les habitants de la terre.

Prenez garde que personne ne fasse de vous sa proie par la philosophie et par une vaine tromperie, s'appuyant sur la tradition des hommes, sur les rudiments du monde, et non sur Christ. Colossiens 2:8

Qu'aucun homme, sous une apparence d'humilité et par un culte des anges, ne vous ravisse à son gré le prix de la course, tandis qu'il s'abandonne à ses visions et qu'il est enflé d'un vain orgueil par ses pensées charnelles, sans s'attacher au chef, dont tout le corps, assisté et solidement assemblé par des jointures et des liens, tire l'accroissement que Dieu donne. Colossiens 2:18/19

Celui qui vaincra ... Comme après chaque message, le Seigneur exhorte à vaincre, c'est à dire à surmonter tout ce qui peut entraver notre marche vers l'objectif final.

"Celui qui vaincra, je ferai de lui une colonne dans le temple de mon Dieu, et il n'en sortira plus; j'écrirai sur lui le nom de mon Dieu, et le nom de la ville de mon Dieu, de la nouvelle Jérusalem qui descend du ciel d'auprès de mon Dieu, et mon nom nouveau."

Les colonnes dans une construction sont les soutiens de l'édifice. Il s'agit donc ici d'hommes et de femmes qui par leur fermeté dans la foi et l'attachement à Christ et à sa Parole, deviennent des piliers solides dans la maison de Dieu, qui est elle même la colonne et l'appui de la vérité. C'est aussi un témoignage qui glorifie Dieu et Jésus.

Jacques, Pierre et Jean, étaient regardés comme des colonnes, dans l'église. Galates 2.9

> *Que celui qui a des oreilles entende ce que l'Esprit dit aux églises !*
> *Apocalypse 3:13*

Ecris au messager de l'église de Laodicée

L'église de l'autosatisfaction qui se croit riche, mais qui en réalité est pauvre car elle ne possède pas les véritables richesses : la foi, la pureté et la vision spirituelle des choses de Dieu.

Une église tiède, routinière dans ses pratiques. Ses membres ne sont pas des incroyants (froids) ni des disciples remplis de l'Esprit (bouillants)

Au messager de l'église de Laodicée, le Seigneur se présente comme : l'Amen, le témoin fidèle et véritable, le commencement de la création de Dieu.

L'Amen : C'est-à-dire celui qui prononce le dernier mot sur toutes choses, celui en qui tous les desseins de Dieu sont accomplis: *"toutes les promesses de Dieu sont oui en lui. C'est donc aussi par lui que nous disons à Dieu l'amen pour sa gloire"* (2 Corinthiens 1:20).

Amen signifie ce qui est assuré, établi. C'est un mot hébreux qui veut dire "il en est ainsi" ou : qu'il en soit ainsi, de la même racine que les mots : ferme, fiable, durable, la foi, la vérité, la fidélité.

Le mot amen marque l'accord avec ce qui a été dit (1 Rois 1.36), ainsi l'assemblée répond Amen à ce qui lui est annoncé (1Chronique 16.36; Néhémie 8.6; Apocalypse 22.20)

Il exprime l'engagement (Deutéronome 27.15-26; Néhémie 5.13), le serment (Nombres 5.22), le désir (Jérémie 28.6), l'affirmation (Apocalypse 5.14; 7.12; 19.4), l'insistance (Galates 6.18)

Jésus est appelé l'Amen, c'est à dire le fidèle, le véritable (Apoc. 3.14; Esaïe 65.16 dans ce verset le mot Amen est rendu parfois par "Dieu de vérité".)

Jésus a utilisé "Amen amen" (traduit par "en vérité, je vous le déclare") pour appuyer ses déclarations face à l'opposition de ses adversaires et attester la vérité de ses affirmations (Matthieu 6.2, 5, 16; 10.23; 19.28; 24.34; 25.40; Luc 4.25; 9.27; 12.44; 21.3) surtout dans l'évangile de Jean (Jean 5.19, 24, 25; 6.26, 32, 47, 53; 8.34, 51, 58)

Dans les épîtres, Amen marque souvent la fin d'un développement et la louange (Romains 1.25, 11.36; Galates 1.5; Philippiens 4.20)

Le Seigneur Jésus-Christ se présente donc dans cette dernière lettre comme celui en qui et par qui s'accomplit toute la volonté de Dieu, sa Parole, ses promesses et ses jugements.

Il est le témoin fidèle et véritable de Dieu son Père, comme il l'a déjà dit :

> *Car je n'ai point parlé de moi-même; mais le Père, qui m'a envoyé, m'a prescrit lui-même ce que je dois dire et annoncer. Et je sais que son commandement est la vie éternelle. C'est pourquoi les choses que je dis, je les dis comme le Père me les a dites. Jean 12:49/50*

> *Il est le commencement, le premier né, de toute la création de Dieu, cela veut dire que tout ce qui a été créé l'a été en lui et par lui.*

> *Il est l'image du Dieu invisible, le premier-né de toute la création. Car en lui ont été créées toutes les choses qui sont dans les cieux et sur la terre, les visibles et les invisibles, trônes, dignités, dominations, autorités. Tout a été créé par lui et pour lui.*

> *Il est avant toutes choses, et toutes choses subsistent en lui. Il est la tête du corps de l'Église; il est le commencement, le premier-né d'entre les morts, afin d'être en tout le premier. Car Dieu a voulu que toute plénitude habitât en lui. Colossiens 1.15/19*

Voici comment " le témoin fidèle et véritable", (qui juge et combat avec justice. Apoc 19:11), voit le messager de l'église de Laodicée :

> *Je connais tes œuvres. Je sais que tu n'es ni froid ni bouillant.*

Ni froid, ni bouillant, c'est à dire tiède. Or la tiédeur est particulièrement désagréable au Seigneur :

> *Ainsi, parce que tu es tiède, et que tu n'es ni froid ni bouillant, je te vomirai de ma bouche. Apocalypse 3:16*

D'après ce passage il ne peut y avoir de sécurité à être tiède : "Je te vomirai de ma bouche !"

Christ reproche à son messager son manque de zèle. Il s'agit de quelqu'un qui remplit sa tâche sans motivation, comme une routine. En fait le problème c'est l'autosatisfaction, l'autosuffisance.

> *Parce que tu dis: Je suis riche, je me suis enrichi, et je n'ai besoin de rien, et parce que tu ne sais pas que tu es malheureux, misérable, pauvre, aveugle et nu. Apoc.3.17*

Il s'agit de quelqu'un qui pense n'avoir besoin de rien de plus que ce qu'il a et qui n'a pas soif de Dieu.

Il possède une certaine richesse, il vit dans un certain confort, pour lui tout va bien : "Je n'ai besoin de rien"

En réalité, cette attitude caractérise "la paresse spirituelle" confortée par "la cécité spirituelle".

Il y a tellement de choses qui nous manquent encore concernant le royaume de Dieu. Des choses dont nous devons avoir soif :

. la conscience de la présence du Seigneur, par son Esprit en nous,

. le fruit que produit sa présence et notre communion avec lui,

. ses ministères et ses dons...

"Désirez avec ardeur ... Recherchez ... Aspirez ! sont autant d'exhortations à avancer toujours plus dans le fleuve de Dieu.

Beaucoup d'églises et de pasteurs se satisfont de leurs acquis. Ils se trouvent riches de biens immobiliers, de leurs beaux temples et de leurs locaux, riches de leur savoir intellectuel, riches de la considération dont ils jouissent dans leur milieu religieux ou social, riches de leurs activités et de leurs auditoires, etc.

Une des causes de la tiédeur dans le domaine de la foi, c'est l'autosuffisance :

> *"Parce que tu dis je suis riche, je n'ai besoin de rien".*

La satisfaction de soi est le résultat d'un aveuglement spirituel, qui voile la réalité d'une situation lamentable : Tu ne sais pas que tu es malheureux, misérable, pauvre, aveugle et nu

En réponse à cette situation le Seigneur conseille à son serviteur d'acheter de lui :

. de l'or éprouvé par le feu, afin qu'il devienne riche,

. des vêtements blancs, afin qu'il soit vêtu et que la honte de sa nudité ne paraisse pas,

. un collyre pour oindre ses yeux, afin qu'il voit.

C'est une invitation claire à venir chercher ces choses en lui : "je te conseille d'acheter de moi."

Il y a des choses qui ne se trouvent qu'en Jésus et que nous ne pouvons acquérir de lui que dans une communion restaurée, comme nous le lisons au verset 20 :

Voici, je me tiens à la porte, et je frappe. Si quelqu'un entend ma voix et ouvre la porte, j'entrerai chez lui, je souperai avec lui, et lui avec moi.

Les véritables richesses spirituelles qui manquent à ce serviteur de Dieu sont :

. Une foi épurée, saine, purifiée de toute conception charnelle, l'or épuré par le feu. 1 Pierre 1:7

. La sanctification qui consiste à se garder purs, à marcher dans la lumière, dans la vérité.

La nouvelle que nous avons apprise de lui, et que nous vous annonçons, c'est que Dieu est lumière, et qu'il n'y a point en lui de ténèbres.

Si nous disons que nous sommes en communion avec lui, et que nous marchions dans les ténèbres, nous mentons, et nous ne pratiquons pas la vérité.

Mais si nous marchons dans la lumière, comme il est lui-même dans la lumière, nous sommes mutuellement en communion, et le sang de Jésus son Fils nous purifie de tout péché. 1 Jean 1.5/7

. Une vision claire qui consiste dans la compréhension spirituelle de la volonté de Dieu et de la pensée de Christ, accordée par le Saint-Esprit. Le collyre qui guérit de la cécité.

Puis le Seigneur fait comprendre à son serviteur, la raison de sa sévérité : *Moi, je reprends et je châtie tous ceux que j'aime.*

Nous n'aimons pas être corrigés et pourtant cela est nécessaire, indispensable : Hébreux 12.4/13

Enfin comme nous retrouvons la même exhortation à la repentance et au retour : *Alors, aie donc du zèle, et repens-toi.*

Arrêtons-nous à des paroles qui expriment toute la bonté, la compassion, l'amour du Seigneur pour ses rachetés :

> *Voici, je me tiens à la porte, et je frappe. Si quelqu'un entend ma voix et ouvre la porte, j'entrerai chez lui, je souperai avec lui, et lui avec moi.*

Le Maître, Celui qui est en droit d'exiger une libre entrée dans notre vie, se tient à notre porte, avec délicatesse, mais insistance : il frappe ! Il appelle !(Nous serions bien avisés lors de nos interventions à l'égard des autres d'user d'autant de délicatesse)

Le Seigneur ne se décourage pas, mais il désire restaurer la communion avec son serviteur.

> *Si quelqu'un entend ma voix et ouvre la porte, j'entrerai chez lui, je souperai avec lui, et lui avec moi.*

La réalité de la vie chrétienne c'est en premier la présence du Seigneur dans notre vie et la vraie communion avec lui, une relation d'intimité : *"Je souperai avec lui et lui avec moi"*

Que dire de plus, sinon que nous ne cessons de nous émerveiller devant l'amour patient et persévérant de notre Seigneur.

Et voici qu'Il promet que cette intimité se prolongera dans l'éternité :

> *Celui qui vaincra, je le ferai asseoir avec moi sur mon trône, comme moi j'ai vaincu et me suis assis avec mon Père sur son trône.*

Non seulement nous sommes destinés à demeurer dans la présence de Jésus, intimement unis à lui, mais aussi appelés à régner avec lui, à partager son autorité dans le gouvernement divin.

Enfin, comme dans les lettres précédentes, l'église et chacun de ses membres sont invités à être attentifs au message de l'Esprit : *Que celui qui a des oreilles entende ce que l'Esprit dit aux églises.*

Des choses communes à chaque église :

J'aurais pu pour chacune de ces églises, les situer dans leur contexte historique, géographique et culturel, ce qui est certainement intéressant, car, tout comme pour nous, le milieu dans lequel elles se trouvaient influençait leur comportement, preuve que c'est plus souvent le monde et sa mentalité qui influence l'église que le contraire. Mais le but de l'étude c'est surtout de découvrir leur situation spirituelle. Nous retrouvons plusieurs constantes dans les lettres aux sept églises :

· Un appel à être attentif au message divin, car c'est l'Esprit de Dieu qui parle.

· Un autre appel, à la repentance, qui s'il est entendu évite le jugement.

· Toujours une promesse pour les vainqueurs, dans des situations différentes.

Des similitudes existent avec ce que nous vivons aujourd'hui. Ces écrits ont toujours été en phase avec les situations des églises dans toutes les générations :

1 - Le refroidissement du premier amour,

2 - les souffrances pour Christ

3 - la compromission,

4 - le manque de rigueur évangélique

5 - les apparences trompeuses,

6 - l'attachement à la parole de Christ

7 - l'église des illusions.

Comme je l'ai dit précédemment, ces écrits nous concernent personnellement et il ne s'agit pas de prendre ce qui nous satisfait pour jeter le reste dans le jardin des voisins.

Que celui qui a des oreilles écoute ce que l'Esprit dit aux églises !

Jean a reçu plusieurs révélations :

- la révélation du ciel et de ce qui s'y trouve

· La révélation du Fils de Dieu en son jour. Le jour du Seigneur.

· La révélation de l'état réel des églises, au delà des apparences.

· La révélation de la situation du monde, justifiant son jugement.

· La révélation des desseins du Dieu Éternel et Tout Puissant, pour son peuple Israël, pour l'Église de Christ, pour les nations, pour l'avenir du monde présent et la création d'un monde nouveau.

Après les premières révélations du Seigneur dans sa gloire et des églises, Jean va être enlevé et introduit dans le ciel même où il découvre une situation en rapport avec les choses qui sont et d'autres qui doivent arriver subitement (bientôt).

Une porte s'ouvre dans le ciel

> *Après cela, je regardai, et voici, une porte était ouverte dans le ciel. La première voix que j'avais entendue, comme le son d'une trompette, et qui me parlait, dit: Monte ici, et je te ferai voir ce qui doit arriver dans la suite.*
> *Apocalypse 4:1*

L'apôtre est appelé à entrer dans le ciel car c'est là que vont se dérouler devant ses yeux les visions des choses à venir. Tout est prêt.

. Il y a un trône dans le ciel. C'est là que s'exerce le gouvernement céleste et universel. Là que sont prises toutes les décisions concernant le monde, l'Église et nous-mêmes.

. Dieu est assis sur son trône. Il règne et tient toutes choses dans sa main puissante. Le livre écrit et scellé contient toutes ses décisions. (Psaume 47.8/9)

. 24 anciens se tiennent devant lui. Ils sont les témoins des décisions divines et participent au conseil de Dieu. Une sorte de gouvernement céleste.

. Les êtres vivants. Adorateurs de Dieu, gardiens de sa gloire, des chérubins. Voir Ézéchiel, chapitre 1er

. Les myriades d'anges. Autant d'esprits au service du Dieu Tout-Puissant, prêts à accomplir ses ordres et à transmettre ses messages. Hébreux 1.14

Les chapitres 4 et 5 décrivent une situation céleste en rapport avec des événements qui vont se produire, qui sont décidés et programmés par «Celui qui est assis sur le trône.»

Les décrets divins sont arrêtés mais pas encore révélées ni appliquées : c'est la signification du livre scellé, que tient dans sa main droite Celui qui est assis sur le trône.

> *Dieu était sur son trône lors du déluge, Dieu sur son trône règne éternellement. Ps.29*

Le chapitre 4 lui est consacré, c'est une description de la manière dont Dieu gouverne.

Le trône de Dieu

Tous ceux qui en ont eu la vision en ont été profondément impressionnés.

Le prophète Esaïe le décrit comme un trône très élevé, ce qui souligne la sainteté, la souveraineté et la gloire du Dieu Tout Puissant, créateur du Ciel et de la terre. Esaïe 6.1

La première chose que l'apôtre voit en arrivant dans le ciel c'est le trône et celui qui est assis dessus. Nous savons ce que cela veut dire : Il y au ciel quelqu'un qui règne et ce quelqu'un nous le connaissons :

> *L'Éternel est dans son saint temple, L'Éternel a son trône dans les cieux; Ses yeux regardent, Ses paupières sondent les fils de l'homme. Psaumes 11:4*

> L'Éternel était sur son trône lors du déluge, L'Éternel sur son trône règne éternellement. Psaume 29.10

Jean n'a pas vu Dieu

> *Dieu habite une lumière inaccessible, nul homme ne l'a vu ni ne peut voir. 1 Timothée 6:16*

Tous ceux qui ont eu des visions de Dieu n'ont vu qu'un aspect, une apparence de sa personne de laquelle émane une gloire insoutenable au regard.

> *Moïse à qui le Seigneur parlait bouche à bouche, à qui Dieu se révélait sans énigmes, ne voyait qu'une représentation de l'Éternel. Nombres 12:8*

Lorsqu'il demanda : *Fais-moi voir ta gloire! L'Éternel lui répondit : Tu ne pourras pas voir ma face, car l'homme ne peut me voir et vivre.*

Je ferai passer devant toi toute ma bonté, et je proclamerai devant toi le nom de l'Éternel; je fais grâce à qui je fais grâce, et miséricorde à qui je fais miséricorde.

L'Éternel dit: Voici un lieu près de moi; tu te tiendras sur le rocher.

Quand ma gloire passera, je te mettrai dans un creux du rocher, et je te couvrirai de ma main jusqu'à ce que j'aie passé. "Et lorsque je retournerai ma main, tu me verras par derrière, mais ma face ne pourra pas être vue." Exode 33:18-23

Ézéchiel, qui a eu de grandes visions a vu une image de "La gloire de l'Éternel"

> *"Tel l'aspect de l'arc qui est dans la nue en un jour de pluie, ainsi était l'aspect de cette lumière éclatante, qui l'entourait: c'était une image de la gloire de l'Éternel." Ézéchiel 1:28*

Le prophète Esaïe a vu aussi la gloire de Dieu sur son trône :

> *"Je vis le Seigneur assis sur un trône très élevé et les pans de sa robe remplissaient le temple." Esaïe 6 (Jean 12.41)*

> *Etienne, rempli du Saint-Esprit, et fixant les regards vers le ciel, vit la gloire de Dieu et Jésus debout à la droite de Dieu. Actes 7:55*

> *L'apôtre Paul a été ravi jusqu'au troisième ciel, dans le paradis, où il a entendu des paroles ineffables qu'il n'est pas permis à un homme d'exprimer. 2 Cor.12.2/4*

La vison du trône très élevé révèle la souveraineté absolue de Dieu et sa sainteté.

La manifestation glorieuse de la présence de Dieu sur son trône dans le ciel est révélée à Jean

L'apôtre s'efforce de décrire des choses indescriptibles à l'aide d'images, de comparaisons : aspect, semblable, comme ... sont autant de mots qui signifient que la description des choses et des êtres qu'il a vus ne peut être qu'incomplète et approximative.

Son aspect est semblable à une pierre de jaspe et de sardoine. Apoc.4.3

Le jaspe qui a la transparence du cristal signifie Dieu est saint, lumière et gloire, il n'y a point en lui de ténèbres, aucune ombre de variation. Jacques 1.17

La sardoine, d'un rouge ardent, s'apparente à l'éclat du rubis et peut symboliser l'ardeur du feu d'un jugement. (Hébreux 10.27)

Même si la description que donne Jean est forcément incomplète, une chose est certaine, l'apôtre nous l'affirme avec force : Dieu règne ! Il est assis sur le trône !

Il est aussi important de noter la situation de plusieurs personnages :

· Sur le trône, Dieu lui-même et l'Agneau de Dieu, qui apparaît comme un agneau immolé.

· Devant le trône, les sept esprits de Dieu

· Autour du trône, des êtres vivants, 24 anciens, les myriades d'anges

Le trône est établi pour le jugement. Les choses à venir concernent des jugements :

· jugement de la maison de Dieu, l'Église. Nous comparaîtrons tous devant le tribunal de Christ.

· jugement des nations,

· jugement de la grande prostituée, la Babylone de l'apocalypse.

· jugement de l'antéchrist et du faux prophète

· jugement de Satan

· jugement dernier, auquel paraîtront tous ceux dont le nom n'est pas écrit dans livre de vie

Autour du trône, Jean voit :

· *24 vieillards ou anciens,*

Cela ressemble à ces anciens assis aux portes des villes de l'époque de l'Ancien Testament, le conseil des anciens qui siégeait pour gouverner la ville.

Qui sont ceux que Jean a vu autour du trône de Dieu ? Ils sont assis sur des trônes et sont couronnés, ils participent au gouvernement céleste. Le chiffre 24 fait penser aux 12 patriarches d'Israël et aux 12 apôtres de Jésus. Ils seraient alors les représentants du peuple de Dieu de l'Ancienne et de la Nouvelle alliances. Ils assistent au conseil de Dieu, approuvant les justes décisions du Tout-Puissant. Apoc.19.1/4

· *Quatre « vivants », d'un aspect étrange*

C'est la même description qu'en Esaïe 6.2 et Ézéchiel 1 et 10.20 ...ce sont des chérubins, les gardiens de la gloire divine.

En Ézéchiel 1 et 10, ils apparaissent comme formant eux mêmes le trône de Dieu. C'est pour cela qu'il est dit d'eux : qu'ils sont au milieu et autour du trône, ils semblent faire un avec Celui qui est assis sur le trône.

Leurs faces d'homme, de lion, de bœuf et d'aigle, symbolisent leur rang dans la hiérarchie céleste. Ils sont les plus élevés, en contact directe avec la gloire de Dieu, ccomme la base de son trône et son char de feu.

Au-dessus du ciel qui était sur leurs têtes, il y avait quelque chose de semblable à une pierre de saphir, en forme de trône; et sur cette forme de trône apparaissait comme une figure d'homme placé dessus en haut.

Je vis encore comme de l'airain poli, comme du feu, au dedans duquel était cet homme, et qui rayonnait tout autour; depuis la forme de ses reins jusqu'en haut, et depuis la forme de ses reins jusqu'en bas, je vis comme du feu, et comme une lumière éclatante, dont il était environné. Ezéchiel 1.26

L'Eternel règne: les peuples tremblent; Il est assis sur les chérubins: Psaumes 99:1

Les chérubins déployèrent leurs ailes, et s'élevèrent de terre sous mes yeux quand ils partirent, accompagnés des roues. Ils s'arrêtèrent à l'entrée de la porte de la maison de l'Eternel vers l'orient; et la gloire du Dieu d'Israël était sur eux, en haut. Ezéchiel 10:19

Les chérubins sont les gardiens de la gloire de Dieu, comme une enveloppe de feu ardent et de lumière éblouissante, qui cachent Celui qui est assis sur le trône divin.

- *Dieu règne*

Une chose dont nous pouvons être certains, c'est que le trône de Dieu n'est jamais vacant : *L'Éternel sur son trône règne éternellement.*

Du trône sortent des éclairs, des voix, des tonnerres … C'est du trône de Dieu que partent ses ordres, ses arrêtés et ses jugements. Sa parole frappe le monde comme l'éclair, elle court avec vitesse. Sa voix est majestueuse et terrifiante … Exode 19.16

Psaume 29

Rendez à l'Éternel gloire pour son nom! Prosternez-vous devant l'Éternel avec des ornements sacrés!

La voix de l'Éternel retentit sur les eaux, Le Dieu de gloire fait gronder le tonnerre; L'Éternel est sur les grandes eaux.

La voix de l'Éternel est puissante, La voix de l'Éternel est majestueuse.

La voix de l'Éternel brise les cèdres; L'Éternel brise les cèdres du Liban,

Il les fait bondir comme des veaux, Et le Liban et le Sirion comme de jeunes buffles.

La voix de l'Éternel fait jaillir des flammes de feu.

La voix de l'Éternel fait trembler le désert; L'Éternel fait trembler le désert de Kadès.

La voix de l'Éternel fait enfanter les biches, Elle dépouille les forêts. Dans son palais tout s'écrie: Gloire!

L'Éternel était sur son trône lors du déluge; L'Éternel sur son trône règne éternellement.

Devant le trône, Sept lampes ardentes, qui sont les sept esprits de Dieu

Jean décrit ici la révélation qu'il a eu de l'Esprit de Dieu sous l'aspect de sept lampes ardentes. Le chiffre sept représente la plénitude divine dans sa perfection : connaissance, sagesse, intelligence, force, autorité, etc.

Ces lampes dont la flamme est ardente signifient que l'Esprit Saint dans son action revêt l'ardeur d'une flamme étincelante qui éclaire et qui brûle, symbolisant à la fois la vérité, la lumière et la sainteté de Dieu.

Cette description rappelle les langues semblables à des langues de feu qui se posèrent sur les disciples le jour de la Pentecôte, à Jérusalem. Actes 2.3

Dans un autre endroit l'Esprit de Dieu est représenté comme sept cornes et sept yeux, qui sont les sept esprits de Dieu envoyés par toute la terre. Symbole de toute puissance et de toute connaissance. Apocalypse 5.6

Le fait qu'il est envoyé par toute la terre veut dire que rien ni personne n'échappe à sa connaissance.

. Une mer de verre

semblable à du cristal, "comme un ouvrage de saphir transparent comme le ciel lui même dans sa pureté", Exode 24.10.

Devant Dieu tout est pureté, sa présence engendre la sainteté, ceux qui se tiennent devant Lui dans la lumière sont participants de sa sainteté, ils sont purifiés par le sang de Jésus. (1 Jean 1.5/7)

La vision céleste de l'apôtre Jean révèle la majesté de Celui que tous adorent en proclamant sa sainteté, sa grandeur, sa puissance et sa souveraineté, le Créateur, le Dieu Tout Puissant.

Tu es digne, notre Seigneur et notre Dieu, de recevoir la gloire, l'honneur et la puissance, car tu as créé toutes choses, et c'est par ta volonté qu'elles existent et qu'elles ont été créées. 4.11

Alors paraît l'Agneau.

La description qui nous est donnée de notre Seigneur est étonnante et grandiose :

. Il se tient debout au milieu du trône, portant les marques des souffrances du sacrifice unique et éternel de notre Sauveur à la croix pour la rédemption de ses élus.

. Il est à la fois la victime expiatoire et le sacrificateur, le médiateur-avocat intercédant en notre faveur. 1 Jean 2:1

. IL apparaît debout (version du Semeur), c'est à dire vivant, ressuscité, victorieux de la mort et de tous ses ennemis.

. Il est associé au Père et à l'Esprit Saint, sur le trône pour toutes les décisions des jugement divins et c'est à lui qu'en est confié le pouvoir d'exécution.

. Il a les sept esprits de Dieu : la plénitude de la sagesse, de la puissance et de la connaissance divines. En lui habite toute la plénitude de Dieu, selon la volonté du Père. (Colossiens 1.19)

Les vieillards, et les êtres vivants, et les anges du ciel et toutes créatures, se prosternent et adorent l'Agneau qui par son sacrifice est digne de recevoir la louange, l'honneur, la gloire et la force au siècles des siècles. Apoc. 5.13

La création toute entière fléchira le genou devant lui ! (Apoc.5.13 et Phil. 2.9/11)

Et nous aussi nous l'adorons avec eux et nous proclamons sa majesté !

L'Agneau de Dieu est l'exécuteur des décisions divines

Un élément nouveau apparaît dans la vision de Jean : le livre scellé, que tient dans sa main droite Celui qui est assis sur le trône.

L'apôtre se désespère de ce que ce livre est scellé et que personne ne peut l'ouvrir pour en révéler le contenu et en ordonner l'exécution.

Le livre écrit en dedans et au dehors, scellé de sept sceaux, est le document officiel, portant les sceaux du Souverain Tout-Puissant et Éternel, qui contient les décrets divins. Il est écrit en dedans et au dehors et il contient tout ce qui doit arriver par la suite, une série de révélations successives dévoilées à partir d'ordres donnés en fonction de temps fixés.

- les 7 sceaux,

- les 7 trompettes

- les 7 coupes…

Personne dans le ciel ni sur la terre n'est revêtu de la dignité suffisante pour dévoiler, rompre les sceaux et ordonner l'exécution du testament divin. Seul l'Agneau de Dieu en est trouvé digne. C'est par lui que le Père accomplit tout ce qu'Il décide. Colossiens 1:16-18

Il a vaincu pour ouvrir les sceaux. Apoc.5:5, 11

> *Je regardai, et j'entendis la voix de beaucoup d'anges autour du trône et des êtres vivants et des vieillards, et leur nombre était des myriades de myriades et des milliers de milliers.*
>
> *Ils disaient d'une voix forte: L'agneau qui a été immolé est digne de recevoir la puissance, la richesse, la sagesse, la force, l'honneur, la gloire, et la louange.*

La victoire du Seigneur à la croix était indispensable. Il fallait qu'il dépouille Satan, les dominations et les autorités sataniques, qui ne cessent de s'opposer à l'exécution des desseins de Dieu.

- Il a triomphé d'eux à la croix. Colossiens 2.15

- Il a dépouillé Satan de son pouvoir. Hébreux 2.14

- Il a délivré tous ceux qui étaient sous l'empire du malin. Actes 10.38

- Il a détruit les œuvres du diable. 1 Jean 3.8

- Il a arraché au diable le pouvoir qu'il détenait sur le monde, à cause de la désobéissance et du péché des hommes.

Les coupes remplies de la prières des saints expriment la participation des rachetés dans l'accomplissement des desseins de Dieu par leurs incessantes intercessions. Apoc. 5.8

Tout ce qui va suivre concernant l'accomplissement des arrêtés de Dieu est soumis à l'autorité du Seigneur Jésus-Christ qui associe ses rachetés à son pouvoir.

L'autorité divine du Seigneur est parfaitement décrite dans Apocalypse 5.6

Il a sept cornes : la toute puissance, et sept yeux : la plénitude de la connaissance, qui sont les sept esprits de Dieu.

Autrement dit, il possède toute la puissance, la sagesse et la connaissance de Dieu.

· Il est « l'Oint de l'Eternel » annoncé par les prophètes.

· Celui que Dieu a oint sur sa sainte montagne. Ps.2.6

· Celui contre lequel les nations subjuguées par le diable, se liguent en vain. Ps 2.

· Il est notre Sauveur, le Seigneur notre Dieu et nous l'adorons !

Au moment où le lion de Juda, le rejeton de la tribu de David va prendre le livre de la main droite de Celui qui est assis sur le trône, toutes les créatures qui sont dans le ciel proclament son autorité. Jusque là, le livre était scellé, mais voici que l'Agneau va en révéler le contenu.

Quatre anges, quatre sceaux, quatre vents, quatre cavaliers

L'ouverture des sceaux fait sortir quatre cavaliers. Ce n'est pas l'accomplissement des événements mais leur révélation, le dévoilement accordé à Jean. Il regarde, il entend et il voit une succession de visions.

Lorsque nous associons les différents passages des Ecritures relatant les événements annoncés au chapitre 6 de l'apocalypse il est possible de préciser l'identité et la nature de ceux qui montent les chevaux de couleurs différentes.

Billy Graham a écrit un livre très intéressant sur le sujet : Les cavaliers de l'Apocalypse. Vous pouvez vous le procurer dans une librairie chrétienne ou sur Internet.

Le prophète Zacharie, des siècles avant que la révélation soit accordée à Jean l'ancien, relate une vision dans laquelle apparaissent aussi quatre groupes de chevaux de couleurs identiques à ceux de Apocalypse 6.

> *Je levai de nouveau les yeux et je regardai, et voici, quatre chars sortaient d'entre deux montagnes; et les montagnes étaient des montagnes d'airain.*
>
> *Au premier char il y avait des chevaux roux, au second char des chevaux noirs, au troisième char des chevaux blancs, et au quatrième char des chevaux tachetés, rouges.*

Je pris la parole et je dis à l'ange qui parlait avec moi: Qu'est-ce, mon seigneur?

L'ange me répondit: Ce sont les quatre vents des cieux, qui sortent du lieu où ils se tenaient devant le Seigneur de toute la terre. Zacharie 6.1

Il est souvent question dans la Bible, des "quatre vents des cieux ou de la terre". Le deuxième livre des Chroniques cite les quatre vents comme synonymes des points cardinaux : *Il y avait des portiers aux quatre vents, à l'orient, à l'occident, au nord et au midi. 1 Chroniques 9:24*

Lors de ces visions le prophète Daniel a vu les quatre vents des cieux faisant irruption sur la grande mer. Daniel 7:2

La grande mer désigne les nations de la terre (Apocalypse 17.15) contre lesquelles va surgir une violente tempête venant des quatre coins cardinaux. Ce sera une tourmente mondiale dans laquelle aucune nation ne sera épargnée.

Le passage du livre du prophète Zacharie 6.1 à 9 cité plus haut, révèle que la vision de ces ces "quatre vents" est symbolique et qu'ils désignent des "cavaliers" chargés d'exécuter des jugements de Dieu sur la terre. C'est ce que signifie les montagnes d'airain d'entre lesquelles ils sortent.

Dans ce passage leur description ressemble à celle des quatre cavaliers d'Apocalypse 6 : des chevaux de différentes couleurs, avec des missions différentes, mais toujours en rapport avec des jugements.

En Apocalypse 7.1 à 3, nous lisons que quatre anges qui ont autorité sur "les quatre vents" sont chargés de faire du mal à la terre et à la mer.

Après cela, je vis quatre anges debout aux quatre coins de la terre; ils retenaient les quatre vents de la terre, afin qu'il ne soufflât point de vent sur la terre, ni sur la mer, ni sur aucun arbre. Apocalypse 7:1

Et je vis un autre ange, qui montait du côté du soleil levant, et qui tenait le sceau du Dieu vivant; il cria d'une voix forte aux quatre anges à qui il avait été donné de faire du mal à la terre et à la mer, et il dit: Ne faites point de mal à la terre, ni à la mer, ni aux arbres, jusqu'à ce que nous ayons marqué du sceau le front des serviteurs de notre Dieu

Une émission télévision a diffusé un document assez impressionnant sur ces cavaliers et le commentateur affirmait que les quatre cavaliers effrayants décrits dans les quatre sceaux du chapitre 6 de l'Apocalypse sont déjà à l'œuvre. D'après lui ils sont les auteurs des catastrophes et des malheurs qui se produisent dans le monde entier.

Le premier cavalier

> *Je regardai, quand l'agneau ouvrit un des sept sceaux, et j'entendis l'un des quatre êtres vivants qui disait comme d'une voix de tonnerre: Viens.*
>
> *Je regardai, et voici, parut un cheval blanc. Celui qui le montait avait un arc; une couronne lui fut donnée, et il partit en vainqueur et pour vaincre. Apocalypse 6.1*

Ce cavalier est un prince couronné ce qui précise son autorité. Une seule couronne, donc un pouvoir accordé pour un temps arrêté et pour une action définie. Son objectif est la conquête et la domination du monde. Il a un mental de vainqueur et son arme c'est la séduction.

Il est impossible de confondre le cavalier armé d'un arc avec le Fils de Dieu présenté en Apocalypse 19.11

> *Puis je vis le ciel ouvert, et voici, parut un cheval blanc. Celui qui le montait s'appelle Fidèle et Véritable, et il juge et combat avec justice.*
>
> *Ses yeux étaient comme une flamme de feu; sur sa tête étaient plusieurs diadèmes; il avait un nom écrit, que personne ne connaît, si ce n'est lui-même; et il était revêtu d'un vêtement teint de sang. Son nom est la Parole de Dieu.*
>
> *Les armées qui sont dans le ciel le suivaient sur des chevaux blancs, revêtues d'un fin lin, blanc, pur.*
>
> *De sa bouche sortait une épée aiguë, pour frapper les nations; il les paîtra avec une verge de fer; et il foulera la cuve du vin de l'ardente colère du Dieu tout-puissant.*
>
> *Il avait sur son vêtement et sur sa cuisse un nom écrit: Roi des rois et Seigneur des seigneurs.*

Le cavalier de Apocalypse 6.1 veut se faire passer pour le Christ mais c'est un faux. Si son cheval est blanc, son arme n'est pas l'épée de Dieu, la Parole de Dieu, mais un arc et des flèches qui sont le symbole de la séduction des faux christs et des faux prophètes qui se dissimulent sous des aspects de "vérité", déguisés en anges de lumière. Par des doctrines mensongères ils séduisent et trompent ceux qu'ils veulent entrainer après eux. Ils lancent des traits meurtriers, des flèches empoisonnées. Ephésiens 6.16

L'esprit de la séduction, inspire et anime le cavalier armé d'un arc qui se lance à la conquête du monde. Beaucoup de gens seront séduits car le pouvoir du séducteur réside dans la grande puissance qui l'accompagne.

C'est d'ailleurs la première chose contre laquelle Jésus nous met en garde lorsqu'il parle des signes précédant son avènement.

> *Prenez garde que personne ne vous séduise. Car plusieurs viendront sous mon nom, disant: C'est moi qui suis le Christ. Et ils séduiront beaucoup de gens. Matthieu 24.4*

> *Car il s'élèvera de faux Christs et de faux prophètes; ils feront de grands prodiges et des miracles, au point de séduire, s'il était possible, même les élus. Matthieu 24:24*

> *L'apôtre Jean a écrit : Petits enfants, c'est la dernière heure, et comme vous avez appris qu'un antéchrist vient, il y a maintenant plusieurs antéchrists: par là nous connaissons que c'est la dernière heure. 1 Jean 2:18*

L'apôtre Paul nous exhorte à nous protéger des flèches empoisonnées du malin.

> *Prenez par-dessus tout cela le bouclier de la foi, avec lequel vous pourrez éteindre tous les traits enflammés du malin; prenez aussi le casque du salut, et l'épée de l'Esprit, qui est la parole de Dieu. Ephésiens 6.16*

Beaucoup plus tard dans l'hisoire du monde un autre séducteur paraitra beaucoup plus puissant :

> *Puis je vis monter de la terre une autre bête, qui avait deux cornes semblables à celles d'un agneau, et qui parlait comme un dragon.*

> *Elle exerçait toute l'autorité de la première bête en sa présence, et elle faisait que la terre et ses habitants adoraient la première bête, dont la blessure mortelle avait été guérie.*

> *Elle opérait de grands prodiges, même jusqu'à faire descendre du feu du ciel sur la terre, à la vue des hommes.*

> *Et elle séduisait les habitants de la terre par les prodiges qu'il lui était donné d'opérer en présence de la bête, disant aux habitants de la terre de faire une image à la bête qui avait la blessure de l'épée et qui vivait. Apocalypse 13*

Le second cavalier

Quand il ouvrit le second sceau, j'entendis le second être vivant qui disait: Viens.

> *Et il sortit un autre cheval, roux. Celui qui le montait reçut le pouvoir d'enlever la paix de la terre, afin que les hommes s'égorgeassent les uns les autres; et une grande épée lui fut donnée.*

L'ouverture du second sceau révèle des temps de guerre de soulèvement et de troubles politiques. Le cavalier qui monte le cheval roux a le pouvoir d'enlever la paix de la terre, donc de soulever les nations, les peuples, les hommes, les uns contre les autres.

Parfois nous nous demandons ce qui peut bien pousser des chefs et des gouvernants a engager des conflits qui mettent des régions entières à feu et à sang. En lisant ce texte on comprend que la cause réelle est l'influence diabolique des mauvais esprits, sous l'autorité de leur chef, le diable.

Des dictateurs fous animés par un esprit meurtrier, comme Hitler en son temps, sont des instruments entre les mains du diable et de ses princes de ténèbres.

Si certaines régions du monde sont épargnées par des conflits entre nations, nous observons que dans biens des endroits surgissent des hommes cruels et orgueilleux semant la terreur, la destruction et la mort.

Un esprit de méchanceté, de haine, de violence, de révolte, souffle dans le monde dressant les humains les uns contre les autres, au sein de toutes les société, jusque dans les familles.

Nous pouvons aussi remarquer que d'autres conflits se profilent à l'horizon et que les nations s'y préparent en se dotant d'armes de plus en plus destructrices.

Le monde dans lequel nous vivons n'est pas rassurant car le cavalier qui monte le cheval rouge y est déjà à l'œuvre.

Le troisième cavalier

> *Quand il ouvrit le troisième sceau, j'entendis le troisième être vivant qui disait: Viens. Je regardai, et voici, parut un cheval noir. Celui qui le montait tenait une balance dans sa main.*

> *Et j'entendis au milieu des quatre êtres vivants une voix qui disait: Une mesure de blé pour un denier, et trois mesures d'orge pour un denier; mais*

ne fais point de mal à l'huile et au vin.

Nous avons compris qu'il s'agit d'un esprit diabolique qui inspire une économie de marché dans laquelle s'emballe le coût des produits alimentaires de base qui deviennent hors de prix.

Il peut aussi s'agir d'un pénurie due à plusieurs facteurs : climatiques donc sécheresse ou guerres compromettant les cultures.

Mais il s'agit surtout d'une cirse économique mondiale qui frappe déjà beaucoup de pays plongeant dans la misère les classes populaires les plus démunies.

Alors que nous savons que la terre est assez féconde et riche pour nourrir tous ses habitants, nous observons que l'égoïsme des riches, l'insouciance, le gaspillage, l'avidité coupable des responsables de l'économie de marché comme ils l'appellent, l'esprit de spéculation et la mentalité de la société de consommation, font que des milliards de personnes vivent bien en dessous du seuil de la pauvreté et souvent dans la misère la plus noire, la famine atteignant des foules considérables dans centaines régions du monde.

Tous les éléments de la terre sont agressés : les cultures dépendent des engrais chimiques et des pesticides qui empoisonnent le sol, la mer est infestée par tous les déchets qui s'y déversent et l'air est pollué par l'oxyde de carbone émise par une société jamais rassasiée de progrès et de confort.

Le monde est sous l'emprise de l'argent. Des sociétés commerciales, des holding comme on les appelle, sont semblables à des pieuvres dont les nombreuses tentacules s'emparent du pouvoir financier au service de l'enrichissement de gens sans scrupules.

Savez vous qui inspire cette mentalité avide de gain, égoïste et sans conscience ? Le cavalier au cheval noir de l'Apocalypse, un esprit méchant, un prince du monde des ténèbres qui sème et augmente la misère parmi les plus pauvres.

L'apôtre Jacques savait fustiger les faiseurs de misère :

A vous maintenant, riches! Pleurez et gémissez, à cause des malheurs qui viendront sur vous.

Vos richesses sont pourries, et vos vêtements sont rongés par les teignes.

otre or et votre argent sont rouillés; et leur rouille s'élèvera en témoignage contre vous, et dévorera vos chairs comme un feu. Vous avez amassé des trésors dans les derniers jours!

Voici, le salaire des ouvriers qui ont moissonné vos champs, et dont vous les avez frustrés, crie, et les cris des moissonneurs sont parvenus jusqu'aux oreilles du Seigneur des armées.

Vous avez vécu sur la terre dans les voluptés et dans les délices, vous avez rassasié vos coeurs au jour du carnage. Jacques 5.1

Le quatrième cavalier

On pourrait l'appelé "l'ange de la mort", celui qui ouvre une ère de mortalité exceptionnelle par toutes sortes de moyens.

Je regardai, et voici, parut un cheval d'une couleur pâle. Celui qui le montait se nommait la mort, et le séjour des morts l'accompagnait. Le pouvoir leur fut donné sur le quart de la terre, pour faire périr les hommes par l'épée, par la famine, par la mortalité, et par les bêtes sauvages de la terre.

Nous sommes terrifiés en lisant ces choses, mais aussi en voyant que chaque jour des milliers d'hommes, de femmes et d'enfants meurent dans des circonstances épouvantables : les maladies virales et contagieuses, les cancers et autres tumeurs malignes inguérissables, les maladies transmissibles comme le sida, les guerres, le manque de nourriture, les accidents de toutes sortes, les cataclysmes terrestres et maritimes, la cruauté, les crimes abominables, certains humains devenant comme des bêtes sauvages, et puis tous ceux qui se suicident à cause des conditions de vie insupportables.

L'ange de la mort accroit son activité semant sur son passage la souffrance, le deuil et la destruction.

Une époque particulière

Elle précède immédiatement l'avènement du Seigneur Jésus-Christ, quand il viendra pour enlever ses élus.

Nous y retrouvons la chronologie des événements annoncés par le Seigneur lui-même dans Matthieu 24

· La séduction

· Les guerres

· Les famines

· Les pestes, la mortalité

Nous pouvons imaginer ces esprits malfaisants, parcourant la terre comme des anges de ténèbres, semant le mensonge, la haine, la cupidité, les épidémies, la mort. Nous avons alors la réponse à certaines de nos questions,.

Le monde est sous influence, celle du diable, le prince de la puissance de l'air, de l'esprit qui agit maintenant dans les fils de la rébellion. Ephésiens 2.2

L'apôtre Jean a écrit que le monde entier est sous l'emprise du diable. 1 Jean 5.19

Lorsque nous sommes conscients de ces choses, nous prenons au sérieux les paroles d'avertissement de notre Maître, le Seigneur Jésus.

Soyez sur vos gardes: je vous ai tout annoncé d'avance. Marc 13:23

Et puis que dirons nous ? N'est-ce pas l'Agneau de Dieu, qui ouvre les sceaux, qui a reçu l'autorité suprême pour exercer les jugements divins.

Jésus-Christ, lequel, existant en forme de Dieu, n'a point regardé comme une proie à arracher d'être égal avec Dieu, mais s'est dépouillé lui-même, en prenant une forme de serviteur, en devenant semblable aux hommes; et ayant paru comme un simple homme, il s'est humilié lui-même, se rendant obéissant jusqu'à la mort, même jusqu'à la mort de la croix.

C'est pourquoi aussi Dieu l'a souverainement élevé, et lui a donné le nom qui est au-dessus de tout nom, afin qu'au nom de Jésus tout genou fléchisse dans les cieux, sur la terre et sous la terre, et que toute langue confesse que Jésus-Christ est Seigneur, à la gloire de Dieu le Père.

Si nous sommes à l'ère de la séduction universelle pendant laquelle le grand séducteur, Satan, est à l'œuvre pour entrainer les habitants du monde loin de Dieu, dans le chaos, la corruption, la violence et toute sortes d'injustice, nous savons aussi avec certitude que c'est notre Sauveur et Seigneur, Jésus-Christ le Fils de Dieu qui aura le dernier mot "lorsqu'il viendra pour être, en ce jour-là, glorifié dans ses saints et admiré dans tous ceux qui auront cru." 2 Thessaloniciens 1:10

Trois autres sceaux

Le cinquième sceau

Jean toujours dans le ciel voit un scène saisissante et mystérieuse :

> *Quand il ouvrit le cinquième sceau, je vis sous l'autel les âmes de ceux qui avaient été immolés à cause de la parole de Dieu et du témoignage qu'ils avaient porté. Ils crièrent : Jusqu'à quand, Maître saint et vrai, tardes-tu à juger, à venger notre sang en le faisant payer aux habitants de la terre ? Apoc.6.9*

Cela veut dire que le sang des martyrs n'est pas oublié devant Dieu et que même s'Il tarde à leur rendre justice, il y a un jour pour le jugement des persécuteurs.

On en compte le nombre, cela signifie que Dieu met des limites a l'affliction des siens, quant à leur nombre, au temps et à l'intensité de leurs souffrances. Apoc.6.11.

Quand Jean a la vision, un événement consolateur se produit en leur faveur :

> *Une robe blanche fut donnée à chacun d'eux, et il leur fut dit de se tenir en repos quelque temps encore, jusqu'à ce que soient au complet leurs compagnons d'esclavage et leurs frères qui allaient être tués comme eux. Apocalypse 6:11*

Leur nombre n'est pas encore complet, c'est à dire que des enfants de Dieu souffriront et mourrons pour le Nom de Jésus, jusqu'au retour du Seigneur.

Le cinquième sceau coïncide avec Matthieu 24.9 Les persécutions

Le sixième sceau

> *Voici ce que je vis quand il ouvrit le sixième sceau : il y eut un grand tremblement de terre ; le soleil devint noir comme un sac de crin ; la lune entière devint comme du sang, et les étoiles du ciel tombèrent sur la terre, comme lorsqu'un figuier secoué par un grand vent laisse tomber ses figues.*

> *Le ciel se retira tel un livre qu'on roule, et toutes les montagnes et les îles furent enlevées de leur place.*

> *Les rois de la terre, les dignitaires, les chefs militaires, les riches, les puissants, tous, esclaves et hommes libres, allèrent se cacher dans les*

cavernes et dans les rochers des montagnes.

Et ils disaient aux montagnes et aux rochers : Tombez sur nous, cachez-nous de celui qui est assis sur le trône et de la colère de l'agneau, car le grand jour de leur colère est venu, et qui pourrait tenir debout ?

L'ouverture du sixième sceau révèle que les grands cataclysmes touchant la terre et notre système planétaire dépendent de décrets divins. D'ailleurs les hommes mêmes incrédules ne s'y trompent pas . Apoc.6.15 à 17

· C'est le temps de la colère de Dieu et de l'Agneau. Apoc.6.17

· Le jour de vengeance de notre Dieu, dont parle Esaïe le prophète (Es.61.2)

Ainsi se clôt un chapitre qui ouvre l'ère du commencement des choses dont Jésus parle aussi dans ses discours eschatologiques, nous exhortant à être attentifs et prêts, car c'est le temps où il va paraître. Luc 21:31, etc.

Avec l'ouverture du sixième sceau, nous entrons dans les cataclysmes annoncés par Jésus en Matthieu 24:29 et Luc 21.11

Si nous anticipons un peu, nous lisons en Apocalypse 14:6

Je vis un autre ange qui volait par le milieu du ciel, ayant un Evangile éternel, pour l'annoncer aux habitants de la terre, à toute nation, à toute tribu, à toute langue, et à tout peuple.

Cela signifie qu'avant la manifestation du jour de la colère de Dieu, tous les hommes auront entendus la Bonne nouvelle de sa grâce et de son salut et qu'ainsi une foule innombrable d'hommes de toute nation, toute tribu, toute langue, tout peuple, auront reçu Jésus comme leur Sauveur. Apocalypse 7.9

Nous pouvons nous reporter aux paroles de Jésus : *Cette bonne nouvelle du royaume sera prêchée dans le monde entier, pour servir de témoignage à toutes les nations. Alors viendra la fin. Matthieu 24:14*

Un temps de répit

Le chapitre sept annonce une pause dans les événements qui jusque là se précipitaient. Une pause au cours de laquelle Dieu met en place les derniers éléments pour maintenir sur la terre, le témoignage de Christ.

Après cela, je vis quatre anges debout aux quatre coins de la terre; ils retenaient les quatre vents de la terre, afin qu'il ne soufflât point de vent sur la terre, ni sur la mer, ni sur aucun arbre. Apocalypse 7:1

Nous retrouvons "les quatre vents des cieux" déjà mentionnés dans la Bible, les "quatre vents des cieux ou de la terre". Voici quelques références qui peuvent nous aider à comprendre ce qu'ils sont :

Un passage de 1 Chroniques 9.24 les situe aux quatre points cardinaux : *Il y avait des portiers aux quatre vents, à l'orient, à l'occident, au nord et au midi. 1 Chroniques 9:24*

Daniel les a vu comme une tempête qui fait irruption sur la mer :

Je regardais pendant ma vision nocturne, et voici, les quatre vents des cieux firent irruption sur la grande mer, qui répréente le monde ou les natios dans sa vision. Daniel 7.2

Dans les visions de Zacharie le prophète, nous décoouvrons que ces "quatre vents" sont des "cavaliers" chargés d'exécuter des jugements de Dieu sur la terre. Ce la signification des deux montagnes d'airain d'entre lesquelles ils sortent.

> *Je levai de nouveau les yeux et je regardai, et voici, quatre chars sortaient d'entre deux montagnes; et les montagnes étaient des montagnes d'airain.*
>
> *Au premier char il y avait des chevaux roux, au second char des chevaux noirs, au troisième char des chevaux blancs, et au quatrième char des chevaux tachetés, rouges.*
>
> *Je pris la parole et je dis à l'ange qui parlait avec moi: Qu'est-ce, mon seigneur?*

L'ange me répondit: Ce sont les quatre vents des cieux, qui sortent du lieu où ils se tenaient devant le Seigneur de toute la terre.

> *Les chevaux noirs attelés à l'un des chars se dirigent vers le pays du septentrion, et les blancs vont après eux; les tachetés se dirigent vers le pays du midi.*
>
> *Les rouges sortent et demandent à aller parcourir la terre. L'ange leur dit: Allez, parcourez la terre! Et ils parcoururent la terre.*
>
> *Il m'appela, et il me dit: Vois, ceux qui se dirigent vers le pays du septentrion font reposer ma colère sur le pays du septentrion. Zacharie 5.1 à 9*

Leur description, ici, ressemble à celle des quatre cavaliers d'Apocalypse 6 : des chevaux de différentes couleurs, avec des missions différentes, mais toujours en rapport avec des jugements.

En Apocalypse 7.1 à 3, nous lisons que ces quatre anges qui ont autorité sur "les quatre vents" sont chargés d'exécuter des jugements de Dieu, faisant du mal à la terre et à la mer.

> *Et je vis un autre ange, qui montait du côté du soleil levant, et qui tenait le sceau du Dieu vivant; il cria d'une voix forte aux quatre anges à qui il avait été donné de faire du mal à la terre et à la mer, et il dit: Ne faites point de mal à la terre, ni à la mer, ni aux arbres, jusqu'à ce que nous ayons marqué du sceau le front des serviteurs de notre Dieu*

Cependant, avant que les jugements s'accomplissent, Dieu va mettre à part, pour les protéger, deux catégories de personnes :

· 144 000 marqués du sceau de Dieu sur leur front. Des élus du peuple d'Israël, choisis pour être les témoins de Dieu sur la terre, durant l'accomplissement des jugements divins venant sur les habitants de la terre. Apoc.14.1/5

· une grande foule rassemblée dans le ciel, devant le trône de Dieu et de l'Agneau. C'est la foule des rachetés de tous les peuples, nations, langues tribus... de tous ceux qui ont lavés leurs vêtements dans le sang de l'Agneau. Ils sont à LUI et chantent sa gloire. On ne peut les compter, tellement ils sont nombreux.

Le fait que l'on ne peut compter cette foule signifie que la grâce de Dieu est infinie et s'étend à tous les hommes de toutes les temps. Cela peut aussi vouloir dire que lorsque Jean a la vision, le temps de la grâce n'est pas à son terme, que la totalité des païens, devant être sauvés, n'est pas encore entrée.

> *Dieu ne veut pas qu'aucun périsse, mais il veut que tous arrivent à la repentance. 2 Pierre 3.9*

Le chapitre 7 d'Apoc. révèle que le témoignage de l'Eglise sur la terre est à son terme. Jean voit la foule des rachetés dans le ciel.

Alors Dieu prépare et met en place d'autres témoins qui assureront la mission sur la terre, après l'enlèvement de l'Église. Dans les moments les plus noirs de l'humanité, Dieu n'a jamais laissé le monde sans témoins de son salut. Ex. Énoch, Noé, Lot...

Les cent quarante quatre mille

Et j'entendis le nombre de ceux qui avaient été marqués du sceau, cent quarante-quatre mille, de toutes les tribus des fils d'Israël. Apocalypse 7:4

Ce sont des personnes (Apoc.14.1), des juifs choisis parmi les douze tribus d'Israël (Apoc 7.4-8), pour être des serviteurs de Dieu, des hommes qui sont oints pour une mission particulière. Ils sont attachés à la personne de l'Agneau et le suivent partout. (Apoc.14.4)

Le nom de Dieu et de l'Agneau sont écrits sur leur front, comme le témoignage de leur appartenance à Christ, au milieu d'un monde entièrement voué à la volonté de la bête et du faux prophète. Un monde dont les habitants sont eux marqués d'un autre sceau ! Apoc.13.6

Les 144 000 sont rachetés d'entre les hommes comme étant mis à part pour Dieu et pour l'Agneau, pour une mission spéciale. Apoc.14.4

· Ils sont irréprochables.14.4-5

· Leur attachement au Seigneur est exclusif.14.4

· Le sceau dont ils sont marqués, rappelle le sceau protecteur (Apoc.9.4) sur les Israélites, les protégeant du destructeur en Egypte. Exode 11

· Un cantique particulier est composé en leur honneur dans le ciel (Apoc.14.2), car ils vont souffrir pour Christ.

La vision décrite au chapitre 7 fait donc apparaître deux groupes de personnes :

· Les 144 000 Israélites, cités ci-dessus

· Une grande foule que personne ne peut compter. Apoc.7.9

Une foule innombrable

> *Après cela, je vis une grande foule, que personne ne pouvait compter, de toute nation, de toutes tribus, de tous peuples et de toutes langues. Ils se tenaient devant le trône et devant l'agneau, vêtus de robes blanches, et des branches de palmiers à la main, et ils criaient : Le salut est à notre Dieu, qui est assis sur le trône, et à l'agneau ! 7.9*

Jean voit cette foule comme la totalité des païens entrés dans le salut de Dieu, l'Église, les rachetés lavés par le sang de l'Agneau rassemblés dans le ciel. Le fait qu'il signale que personne ne peut les compter signifie que le salut de Dieu est incommensurable et n'a pas de limite, ni dans le temps, ni dans l'espace, ni dans les races, ni dans les nations....image de la grâce infinie de Dieu étendue à tous les êtres humains, sans distinction de nation, de tribu, de peuple et de langue…

Ce sont des rachetés du Seigneur Jésus-Christ dont le salut repose exclusivement sur la grâce de Dieu, le sacrifice rédempteur et purificateur du Seigneur Jésus :

> *Ils sont revêtus d'une justice qui n'est pas la leur, c'est un vêtement lavé et blanchi dans le sang de l'Agneau. La justice de Christ leur a été attribuée gratuitement ! C'est le message fondamental de la bonne nouvelle du salut par la foi en Jésus.*

Ce sont des vainqueurs, ils ont des palmes dans leurs mains. Mais leur victoire réside uniquement dans la valeur éternelle du sang du Seigneur Jésus, par leur proclamation de leur foi et leur persévérance. Apoc.12.1

Ils ont échappé au jour de la colère de Dieu et de l'Agneau. 1 Thess.5.9 – Apoc.3.10-12

Ils ont surmonté les tribulations, combattu le bon combat, achevé la course, gardé la foi, obtenu la couronne de justice (2 Timothée 4:7-8)

Ils ont lavé leurs robes et les ont blanchies dans le sang de l'Agneau. Leur salut ne dépend pas de leurs œuvres mais uniquement de la grâce de Dieu. Éphésiens 2:8-9

Ils on accès au trône de Dieu et de l'Agneau. Hébreux 10.19

Ils sont serviteurs de Dieu et de l'Agneau, rois et sacrificateurs. Apoc. 5.10 et 7.15

Ils sont enfants de Dieu, fils du Père céleste, pleinement comblés. Apoc.7.16

Ce sont les brebis du bon et souverain pasteur. Apoc.7.17. Jean 10 et 1 Pierre 2.25

Ils sont entrés dans la joie de leur maître, consolés, réjouis par Dieu lui-même.

Un témoignage nouveau

Ainsi, entre la révélation des sceaux du chapitre 6 qui annoncent les fléaux des jugements de Dieu sur les habitants de la terre et le moment où les anges du chapitre 9.13, vont être déliés pour leur accomplissement, se situe la mise en place d'un témoignage nouveau sur la terre.

Le chapitre 7 précise l'origine des 144 000 et leur mission, en relation avec l'enlèvement de l'Église de Christ.

On pourrait penser qu'après que l'Église eut été enlevée, le monde livré au royaume de ténèbres de l'antéchrist, serait privé du témoignage de l'Évangile.

Or Dieu ne laisse jamais les hommes sans leur rendre témoignage de ce qu'IL est :

· Depuis la création et par elle, il leur parle de sa puissance, de sa sagesse infinie, de ses perfections invisibles. Romains 1

· par la loi de Moïse, il a fait connaître sa sainteté, ses exigences à un peuple qu'il appelle à être saint.

· Par l'histoire d'Israël, nous pouvons admirer sa patience

· En Jésus son fils unique, il manifeste son amour

· Par l'Église, il révèle sa grâce envers tous les humains sans distinction.

Les 144 000 choisis parmi les tribus d'Israël et scellés de sceau de Dieu, seront sur la terre les derniers témoins, pendant le règne de l'antéchrist.

Dans la vision, Dieu a montré à Jean, un groupe d'hommes qu'il a connu d'avance, marqués d'un sceau, scellés pour une oeuvre spécifique sur la terre.

Dieu englobe donc à la fois dans sa grâce Israël et les nations, mais dans des situations différentes :

· Israël dans un contexte au contour bien précis : l'histoire terrestre d'un peuple élu pour une mission bien particulière, le salut qui vient des juifs et duquel bien sûr ils sont à la fois participants et bénéficiaires

· Les nations dans cette étendue d'une grâce exceptionnelle s'étendant à tous les êtres humains sans distinction de races, de peuples, de nations et de langues, d'où L'expression : une foule dont le compte n'est pas révélé. Cependant nous savons que Dieu connaît le nombre de ses rachetés.

L'Agneau ouvre le septième sceau

Remarquons que chaque série d'évènements se termine par l'ouverture sur la série suivante :

· le septième sceau, ouvre la série des sept trompettes. Apoc. 8.2

· la septième trompette annonce les sept coupes de la colère de Dieu. Apoc 15.1; Apoc. 11.18

Mais revenons au début du chapitre 8.

Un silence impressionnant s'établit dans le ciel devant la scène qui se présente :

> *Sept anges se tiennent devant Dieu et sept trompettes leur sont données. Leur mission consiste à annoncer de manière solennelle l'arrivée de sept malheurs par lesquels vont s'accomplir les jugements de Dieu sur les habitants de la terre.*

(« Les habitants de la terre », est une expression qui, à plusieurs reprises dans l'Apocalypse, désigne ceux dont les noms n'ont pas été écrits dans le livre de vie de l'Agneau. Apoc.13.8 ; Apoc. 3.10; 6.10; 11.10; 17.2; 17.10)

Les versets 3 à 5,du chapitre 8 mentionnent comment les prières des saints, les élus de Dieu et de Christ, parviennent jusqu'au trône de Dieu, au milieu des parfums de la louange et des actions de grâces.

Cette citation est mentionnée juste après que les anges soient appelés à annoncer les jugements divins sur les habitants de la terre. Depuis très longtemps les enfants de Dieu disent à leur Père céleste : « Que ton règne vienne ! ». Le temps arrive maintenant.

La signification des trompettes

Dans l'organisation divine du peuple d'Israël, les trompettes servaient à différentes fonctions :

· Un appel pour les rassemblements. Nombres 10.1

· Le signal des départs. Nombres 10.5

· Les sonneries pour les combats, les guerres. Nombres 10.9

· L'exaltation à la louange. Psaumes 98.6 et 150.3

Il existait différentes sortes de trompettes : en airain, en argent, en corne d'animaux.

· Les trompes de cornes d'animaux : le schofar, dont la fonction principale était de donner un signal pour appeler, sonner le début et l'arrêt des combats ou encore la retraite.

· Les trompettes en bronze servaient comme instruments de musique ordinaire.

· Les trompettes utilisées dans le temple pour les cultes, les cérémonies et les fêtes, étaient en argent.

Les sacrificateurs sonnaient des trompettes dans de nombreuses occasions.

Le son de la trompette est le symbole de la voix de Dieu.

Il peut signifier le parole prophétique qui avertit le peuple, par la voix des prophètes. Esaïe 58.1 – Jér.6.17; Ez.33:3-5

Ou encore la prédication de l'Évangile qui annonce au monde le salut de Dieu.

Le son de la trompette met en évidence l'autorité, la force, l'éclat de la parole de Dieu.

Dans le Nouveau Testament, Il est fait mention de trompettes à plusieurs reprises :

Elles sonneront le rassemblement des élus du Seigneur Jésus-Christ. Matthieu 24.31

C'est le signal de la résurrection et du rassemblement des rachetés auprès du Seigneur.

La trompette sonnera et les morts en Christ ressusciteront et nous, nous serons changés » 1 Corinthiens 15.52

Le Seigneur lui-même, à un signal donné, à la voix d'un archange, au son de la trompette de Dieu, descendra du ciel ... » 1 Thess. 4.15

La voix du fils de Dieu, pour la résurrection finale retentira certainement comme le son de la trompette. Jean 5:25-29 (La voix du Seigneur retentit « comme la voix d'une trompette » ou « le son » d'une trompette. Apocalypse 1.10 et 4.1)

Je rappelle la signification symbolique de nombreux passages de l'Apocalypse où trompettes expriment les ordres donnés d'une voix retentissante soit par le Seigneur, soit par ses anges à qui il délègue l'autorité. Apoc. 14.18; 18.1; 18.21.

Partant de ce sens symbolique, le son éclatant des trompettes souligne donc l'autorité, la majesté et la puissance de la Parole de Dieu.

. Une parole prophétique qui s'accomplit toujours : « Le ciel et la terre passeront, mais mes paroles ne passeront pas. » Matthieu 24.35

. C'est la parole de Christ, la parole de Dieu lui-même, la parole prophétique à laquelle nous serions bien avisés de prêter attention, tant pour les promesses, les instructions ou les événements qu'elle annonce. 2 Pierre 1.19

. Une parole de Dieu, annoncée par des messagers célestes, des anges.

. Le ministère prophétique ou le don de prophétie, exercés par des hommes ou des femmes, revêtus(oints) et inspirés par le Saint-Esprit (N'éteignez pas l'Esprit, ne méprisez pas les prophéties. 1 Thess.5.19/20)

Laissons nous avertir par le son de la trompette !

Sept trompettes, sept malheurs. Apocalypse 8.

Sept anges reçoivent sept trompettes pour appeler comme par une voix puissante sept malheurs sur les habitants de la terre.

Au son de la première trompette des orages d'une intensité extrême, éclatent sur la terre : *Il y eut de la grêle et du feu mêlés de sang, qui furent jetés sur la terre; et le tiers de la terre fut brûlé, et le tiers des arbres fut brûlé, et toute herbe verte fut brûlée.*

Quand le second ange sonna de la trompette : *une énorme masse incandescente ressemblant à une montagne embrasée fut précipitée dans la mer. Le tiers de la mer devint comme du sang. Le tiers des créatures vivantes dans la mer périrent et le tiers des bateaux furent détruits.*

Ce phénomène peut faire penser à un météorite énorme produisant dans les océans comme un bouillonnement soudain qui fait mourir les créatures vivantes dont le sang se mélange aux eaux, alors que des tempêtes incroyables font périr un grand nombre de navires.

Au son de la troisième trompette ils produit un phénomène mystérieux : Une grande étoile nommée "Absinthe" tombe du ciel et empoisonne le tiers des eaux potables de la terre comme par une pollution produite par un pouvoir occulte. *Le nom de cette étoile est "Amertume". Le tiers des eaux devint amer et beaucoup de ceux qui en burent moururent, parce qu'elles étaient empoisonnées. Apocalypse 8:11*

Lorsque le quatrième ange sonne de la trompette notre système solaire se dérègle la clarté et la température diminuent d'un tiers. On peur imaginer les conséquences et puis cela semble paradoxal au moment ou l'on parle de réchauffement climatique.

Le quatrième ange sonna de la trompette. Et le tiers du soleil fut frappé, et le tiers de la lune, et le tiers des étoiles, afin que le tiers en fût obscurci, et que le jour perdît un tiers de sa clarté, et la nuit de même.

Et ce n'est pas fini : trois autres malheurs sont annoncés. 8.13

Au son de la cinquième trompette, une armée de créatures diaboliques, des esprits de démons représentés symboliquement dans ce texte par des sauterelles à l'aspect effrayant. Le chef de cette armée est l'ange de l'abîme, ange de Satan qui a l'autorité sur ces créatures hideuse et malfaisantes qui vont envahir le monde pour tourmenter "les habitants de la terre" pendant cinq mois.

Il s'agit d'un tourment causé par les mauvais esprits, dont nous retrouvons la description dans le comportement des démoniaques que Jésus délivrait. Ex. Marc 5

Leur roi c'est « Apollyon » c'est à dire "destructeur". Il sème la destruction et la terreur sur tous ceux qui n'appartiennent pas à Dieu (vt 4).

Le sixième ange sonna de la trompette : *Et j'entendis une voix venant des quatre cornes de l'autel d'or qui est devant Dieu, et disant au sixième ange qui avait la trompette: Délie les quatre anges qui sont liés sur le grand fleuve d'Euphrate.
Et les quatre anges qui étaient prêts pour l'heure, le jour, le mois et l'année, furent déliés afin qu'ils tuassent le tiers des hommes.*

Il s'agit de ces quatre vent des cieux dont il est question au chapitre 6. 1 à 8 que quatre anges ils retenaient afin qu'il ne soufflât point de vent sur la terre, ni sur la mer, ni sur aucun arbre.
Par le son de la sixième trompette les quatre vents de la terre sont libérés pour accomplir leur œuvre de malheur. Une armée impressionnante et effrayante va fondre sur le monde.

Le nombre des combattants de la cavalerie était de vingt mille fois dix mille. J'en entendis le nombre.

C'est ainsi que, dans la vision, je vis les chevaux et ceux qui les montaient ; ils avaient des cuirasses de feu, d'hyacinthe et de soufre. Les têtes des chevaux étaient comme des têtes de lions ; de leurs bouches sortaient du feu, de la fumée et du soufre.

Le tiers des humains fut tué par ces trois fléaux : par le feu, par la fumée et par le soufre qui sortaient de leurs bouches. Apocalypse 8.16

Le prophète Zacharie a eu une vision de ces cavaliers sortant d'entre les montagnes d'airain :

Je levai de nouveau les yeux et je vis quatre chars qui sortaient d'entre les deux montagnes ; ces montagnes étaient des montagnes de bronze.

Au premier char il y avait des chevaux roux, au deuxième char des chevaux noirs, au troisième char des chevaux blancs et au quatrième char des chevaux tachetés, vigoureux.

Je demandai au messager qui parlait avec moi : Ceux-là, que sont-ils, mon seigneur ?

Le messager me répondit : Ce sont les quatre vents du ciel qui sortent du lieu où ils se tenaient devant le Seigneur de toute la terre.

Les chevaux noirs attelés à l'un des chars sortent vers le pays du nord, et les blancs sortent derrière eux ; les tachetés sortent vers le pays du sud.

Vigoureux, ils sortent et demandent à aller parcourir la terre. Il leur dit : Allez, parcourez la terre ! Et les chars parcoururent la terre.

Il m'appela et me dit : Regarde, ceux qui sortent vers le pays du nord font reposer mon souffle dans le pays du nord. Zacharie 6.1/8

Les malheurs qui surviennent sur le monde au son des trompettes rappellen ce que Dieu a annoncé par le prophète Esaïe :

Voici, le jour de l'Eternel arrive, Jour cruel, jour de colère et d'ardente fureur, Qui réduira la terre en solitude, Et en exterminera les pécheurs.

Car les étoiles des cieux et leurs astres Ne feront plus briller leur lumière, Le soleil s'obscurcira dès son lever, Et la lune ne fera plus luire sa clarté.

Je punirai le monde pour sa malice, Et les méchants pour leurs iniquités; Je ferai cesser l'orgueil des hautains, Et j'abattrai l'arrogance des tyrans.

Je rendrai les hommes plus rares que l'or fin, Je les rendrai plus rares que l'or d'Ophir.

C'est pourquoi j'ébranlerai les cieux, Et la terre sera secouée sur sa base, Par la colère de l'Eternel des armées, Au jour de son ardente fureur. Esaïe 13.9

Pourtant malgré tous ces terribles malheurs les autres hommes qui ne furent pas tués par ces fléaux ne se repentirent pas des oeuvres de leurs mains, de manière à ne point adorer les démons, et les idoles d'or, d'argent, d'airain, de pierre et de bois, qui ne peuvent ni voir, ni entendre, ni marcher; et ils ne se repentirent pas de leurs meurtres, ni de leurs enchantements, ni de leur impudicité ni de leurs vols. Apocalypse 8.20

Enfin le septième ange se prépare à sonner de la trompette la dernière qui donne le signal d'un événement prévu depuis l'éternité : L'accomplissement du mystère de Dieu. Apoc.10.7

Pendant que des événement tragiques ont lieu sur la terre, le ciel retentit d'acclamations de louanges devant l'accomplissement des choses que Dieu a préparées depuis l'éternité pour ceux qui ont cru en son fils Jésus.

Le mystère de Dieu

C'est ce mystère dont l'apôtre Paul parle dans ses épîtres, le mystère dont il a reçu la révélation du Seigneur Lui-même. Éphésiens 3:3,4; 5:27-32

Au son de la septième trompette, le mystère de Dieu s'accomplit. Apoc. 10.7

C'est le moment ou Christ et son épouse sont réunis.

> *Car le Seigneur lui-même, à un signal donné, à la voix d'un archange, et au son de la trompette de Dieu, descendra du ciel, et les morts en Christ ressusciteront premièrement.*
>
> *Ensuite, nous les vivants, qui serons restés, nous serons tous ensemble enlevés avec eux sur des nuées, à la rencontre du Seigneur dans les airs, et ainsi nous serons toujours avec le Seigneur. 1 Thessaloniciens 4:16-17*
>
> *Et le temple de Dieu dans le ciel fut ouvert, et l'arche de son alliance apparut dans son temple. Apocalypse 11:19*

Le Seigneur Jésus-Christ et L'Église sont ensemble dans le sanctuaire céleste. le vrai temple de Dieu qui n'a pas été construit par des mains humaines avec des matériaux terrestres. Ainsi s'accomplit le dessein éternel de Dieu de réunir toutes choses en Christ.

> *En lui Dieu nous a élus avant la fondation du monde, pour que nous soyons saints et irrépréhensibles devant lui, nous ayant prédestinés dans son amour à être ses enfants d'adoption par Jésus-Christ, selon le bon plaisir de sa volonté, à la louange de la gloire de sa grâce qu'il nous a accordée en son bien-aimé.*
>
> *En lui nous avons la rédemption par son sang, la rémission des péchés, selon la richesse de sa grâce, que Dieu a répandue abondamment sur nous par toute espèce de sagesse et d'intelligence, nous faisant connaître le*

mystère de sa volonté, selon le bienveillant dessein qu'il avait formé en lui-même, pour le mettre à exécution lorsque les temps seraient accomplis, de réunir toutes choses en Christ, celles qui sont dans les cieux et celles qui sont sur la terre. Ephésiens 1.4

Christ et son Église apparaissent glorieux, devant tous les êtres célestes dans le ciel. Les anges peuvent contempler le mystère dans lequel ils désiraient plonger leur regard. (1 Pierre 1.12)

Les noces de l'Agneau

L'union de Christ avec son Église est le dessein suprême du Père qui l'a préparé depuis l'éternité.

Ceci doit nous amener à réfléchir, afin que nous soyons capables de nous réjouir et de nous préparer à ce glorieux événement : les noces de l'Agneau

Réjouissons-nous et soyons dans l'allégresse, et donnons-lui gloire; car les noces de l'agneau sont venues, et son épouse s'est préparée, et il lui a été donné de se revêtir d'un fin lin, éclatant, pur. Car le fin lin, ce sont les œuvres justes des saints. Apocalypse 19:7 à 9

Dans plusieurs paraboles, Jésus a utilisé les fêtes des noces en Israël pour illustrer la félicité de l'union de Dieu avec les siens dans le royaume messianique. Mt 22.1 - Luc 12.36 - 14.8 - Jean 2.1

Jésus Lui-même est désigné à plusieurs reprises sous les traits de l'époux Mt 9.14- Marc 2.19-Lu 5.35

Dans Éphésiens. 5.25-27, Paul parle de l'union du Fils de Dieu avec l'Église sanctifiée par la parole divine, représentée sous les traits d'une épouse, purifiée par l'eau, glorieuse, sans tache ni ride.

Dans l'Apocalypse Jean a la révélation de l'Église comme l'épouse du Christ et parle des noces de l'Agneau. . Apoc. 21.2, 9 - 22.17 - Apoc. 19.7, 9

L'alliance de Dieu avec son peuple sera ainsi accomplie de manière définitive, les noces de l'Agneau scellant officiellement dans le ciel, l'union du Seigneur Jésus-Christ, l'époux, avec son Église, l'épouse. Le mystère de Dieu sera accompli et révélé.

L'apôtre Paul parle de cette union du Christ et de l'Église comme quelque chose de mystérieux. C'est le mystère de Christ et de son Église. *"Ce mystère est grand; je dis cela par rapport à Christ et à l'Église." Éphésiens 5:32*

C'est Dieu lui-même qui a préparé ces noces pour son fils unique "Il en sera comme un roi qui fit des noces pour son fils... " Mat.22

L'Épouse de l'Agneau, l'Église, sera introduite dans le palais du ciel, le palais de la gloire de Dieu. Elle sera glorieuse, pure, sans tache ni ride ni rien de semblable. Eph. 5

Elle sera revêtue de la gloire de Dieu. Apoc. 21.11

> *Toute resplendissante est la fille du roi dans l'intérieur du palais; Elle porte un vêtement tissu d'or. Elle est présentée au roi, vêtue de ses habits brodés, Et suivie des jeunes filles, ses compagnes, qui sont amenées auprès de toi; On les introduit au milieu des réjouissances et de l'allégresse, Elles entrent dans le palais du roi. Psaumes 45:13/15*

Un petit livre amer

Jean doit à nouveau prophétiser sur des peuples, des nations et des langues. Il reçoit alors un petit livre amer que lui donne un ange puissant.

Les anges de Dieu sont puissants en force. Ps. 103.20 - 2 Pierre 2.11 - Apoc.18.1; 18.21 Certains de ses anges ont autorité sur le feu (Apoc.14.18) et sont chargés d'exécuter les jugements de Dieu. D'autres ont autorité sur les eaux et le soleil et interviennent dans les lois qui les régissent. Apoc. 16.5 et 19.7

Le petit livre ouvert, signifie que la prophétie des événements concernant les nations, est révélée à l'apôtre.

> *Je vis un autre ange puissant qui descendait du ciel, vêtu d'une nuée, un halo autour de la tête ; son visage était comme le soleil et ses jambes comme des colonnes de feu.*
>
> *Il tenait à la main un petit livre ouvert. Il posa le pied droit sur la mer et le pied gauche sur la terre, et il cria comme un lion qui rugit. A son cri, les sept tonnerres firent entendre leurs voix. 10.1*

Les sept tonnerres, la voix majestueuse du Dieu tout-puissant, retentit du ciel. 10.4 (Cf Jean 12.29)

> *La voix que j'avais entendue venir du ciel parla encore avec moi. Elle me dit : Va prendre le petit livre ouvert dans la main de l'ange qui se tient debout sur la mer et sur la terre.*

> *J'allai vers l'ange et je lui dis de me donner le petit livre. Il me dit : Prends–le et avale–le ; il remplira ton ventre d'amertume, mais dans ta bouche il sera doux comme du miel.*
>
> *Je pris le petit livre de la main de l'ange et je l'avalai : il fut doux comme du miel dans ma bouche, mais quand je l'eus mangé mon ventre fut rempli d'amertume. 10.8*

Ce petit livre contient des prophéties particulières concernant des rois et des peuples de nations de différentes langues. Verset 11

Le message doit être scellé, gardé, dans son cœur. D'abord doux à sa bouche, agréable dans sa révélation, il va se révéler amer, difficile dans son enfantement, la compréhension intérieure que Jean va recevoir concernant les jugements terribles venant sur le monde et surtout une révélation douloureuse pour Jean qui est juif :

> *La cour extérieure du temple, laisse–la. Ne la mesure pas, parce qu'on l'a laissée à ceux qui ne connaissent pas Dieu. Ils détruiront tout dans la ville sainte pendant 42 mois. Apocalypse 11:2*

Jean doit mesurer un temple. Il s'agit apparemment d'une construction qui est sur la terre et à Jérusalem, puisque l'extérieur du temple sera foulé par les nations pendant quarante deux mois. 11.2

Il semble que ce soit un temps où les nations domineront à nouveau sur Israël mais ceux qui croient en Dieu seront gardés.

Deux témoins

Des fléaux terribles se sont abattus sur le monde et le tiers des hommes a été tués Introduction : Apoc.9:13-20. (vt 18)

Le monde vient de souffrir cruellement à cause de son péché, mais corrompu et incrédule, il rejette Dieu, délibérément. (Comme au temps de Noé et de Lot. Luc 17.26 à 30 et aussi de Pharaon. Exode) Alors d'autres jugements divins l'attendent. Ils sont annoncés dans la descriptions des 7 coupes de la colère de Dieu. Chapitre 15

Le mystère de Dieu va s'accomplir, la septième trompette est sur le point de sonner. 10.6-7

Deux témoins, sont annoncés pour accomplir une mission pendant un certains temps, trois ans et demi, quarante deux mois,

> *J'enverrai mes deux témoins, portant un vêtement de deuil, et ils*

transmettront le message reçu de Dieu pendant ces mille deux cent soixante jours.

Les deux témoins sont les deux oliviers et les deux lampes qui se tiennent devant le Seigneur de la terre.

Si quelqu'un cherche à leur nuire, du feu sort de leur bouche et détruit leurs ennemis ; c'est ainsi que mourra quiconque voudra leur nuire.

Ils ont le pouvoir de fermer le ciel, pour empêcher la pluie de tomber aussi longtemps qu'ils transmettent le message reçu de Dieu. Ils ont également le pouvoir de changer l'eau en sang et de frapper la terre de toutes sortes de fléaux, aussi souvent qu'ils le veulent. Apocalypse 11.3

Ce sont deux prophètes très particuliers, pourvus de pouvoirs surnaturels qui ont déjà été exercés par Moïse et Elie. Certains commentateurs ont avancé qu'il s'agit effectivement de ces deux hommes.

Ils sont présentés comme deux oliviers et deux lampes qui se tiennent devant le Seigneur de toute la terre. Le prophète Zacharie parle de deux fils de l'huile qui se tiennent devant le Seigneur de toute la terre. Zacharie 4.14

On peut faire un rapprochement avec le moment où Moïse et Elie sont apparus au coté de Jésus, lors de la transfiguration. Marc 9:4 Elie et Moïse leur apparurent, s'entretenant avec Jésus.

Il est dit de Moïse que personne n'a trouvé son sépulcre, que c'est Dieu lui-même qui l'a enseveli et qu'il y a eu à ce moment là un combat entre Satan et l'archange Michaël. Deutéronome 34.6 et Jude 1.9

Ils ne sont pas nommés dans la vision de Jean. Il est seulement question de leur pouvoir et de l'esprit qui les anime. Jésus disait aussi de Jean-Baptiste, qu'il était l'Elie qui devait venir. Cependant, il n'était pas Elie, mais il est venu avec l'esprit et la puissance d'Elie. Jean 1.21 – Matthieu 11.14 et Luc 1.17.

Souvenons nous que les contemporains de Jésus et de Jean-Baptiste, attendaient Elie en personne. Alors attention aux interprétations trop littérales ! Surtout pour l'Apocalypse.

Ces deux témoins, viennent avec l'esprit et la puissance de Moïse et d'Elie, mais cela ne veut pas dire que ce sont eux en personne. Ce qui importe ce n'est pas leur identité, c'est leur message. Nous pouvons avoir une bonne connaissance de la personnalité d'un homme de Dieu, mais ignorer le message prophétique qu'il annonce !

Ils paraissent comme des témoins incorruptibles d'un message sans compromis, pénétrant et tranchant : la parole de Dieu. Leur message est comme un aiguillon qui harcèle la conscience des habitants de la terre. Ils sont porteurs de feu et des jugements de Dieu. Par leur ministère et leur message ils vont tourmenter les habitants corrompus de la terre, qui se réjouiront de leur disparition. Apoc.11.10

Comme Michée, au temps du roi impie Achab, ce sont des prophètes de malheur. 2 Chroniques 18.7 et 17

Les prophètes de Dieu n'annoncent pas que des choses agréables à entendre et leur fidélité leur a souvent coûté la vie. Luc 11.47/51

C'est le second malheur annoncé en Apocalypse 9.13

Le lieu de leur ministère est situé à Jérusalem, la ville sainte, qui a profané son identité jusqu'à être appelée « Sodome » = corruption, et « Égypte » = endurcissement. Apoc.11.2,8

Leur message dur, sévère annonce au monde ses péchés et le jugement s'ils ne se repentent. Es.58.1

Dans les moments les plus noirs de l'humanité ou du peuple d'Israël, il y a toujours eu des prophètes, des envoyés de Dieu, des témoins, pour avertir les hommes afin de les appeler à la repentance. Ex. Enoch, Noé, au monde de leur époque, Lot à Sodome et Gomorrhe, Moïse en Égypte, Jonas, Jérémie, Jean-Baptiste à Israël, etc.

Nous ne devons pas oublier, ni banaliser, l'état du monde dans lequel nous vivons. Aux yeux de Dieu, c'est :

· un monde pécheur et endurci. Apoc.9.20

· Un monde impie et corrompu. 2 Pierre 3.7 – Jude 13.15 – Esaïe 13.11/13

Même Jérusalem, la ville sainte, est contaminée au point d'être appelée « Sodome et Égypte» Apoc.11.8

Si nous comparons les différents passages des Écritures qui se rapportent aux temps que décrits aussi l'Apocalypse, si nous nous souvenons de la corruption qui régnait avant les grands jugements de Dieu, au temps de Noé, à Sodome et Gomorrhe, à certaines époques de l'histoire d'Israël, nous remarquons que le monde est prêt pour le jour de la colère divine, la colère de Dieu et de l'Agneau. Apoc. 6:15-17

Lorsque les hommes ont corrompu leur voie sur la terre(Genèse 6 :5,11,12,13.) et restent sourds aux appels répétés de Dieu, nous pouvons être certains que le jugement est proche.

> *Quand ils auront achevé leur témoignage, la bête qui monte de l'abîme leur fera la guerre, les vaincra, et les tuera.*
>
> *Et leurs cadavres seront sur la place de la grande ville, qui est appelée, dans un sens spirituel, Sodome et Egypte, là même où leur Seigneur a été crucifié.*
>
> *Des hommes d'entre les peuples, les tribus, les langues, et les nations, verront leurs cadavres pendant trois jours et demi, et ils ne permettront pas que leurs cadavres soient mis dans un sépulcre.*
>
> *Et à cause d'eux les habitants de la terre se réjouiront et seront dans l'allégresse, et ils s'enverront des présents les uns aux autres, parce que ces deux prophètes ont tourmenté les habitants de la terre.*
>
> *Après les trois jours et demi, un esprit de vie, venant de Dieu, entra en eux, et ils se tinrent sur leurs pieds; et une grande crainte s'empara de ceux qui les voyaient.*
>
> *Et ils entendirent du ciel une voix qui leur disait: Montez ici! Et ils montèrent au ciel dans la nuée; et leurs ennemis les virent.*
>
> *A cette heure-là, il y eut un grand tremblement de terre, et la dixième partie de la ville, tomba; sept mille hommes furent tués dans ce tremblement de terre, et les autres furent effrayés et donnèrent gloire au Dieu du ciel.*
>
> *Le second malheur est passé. Voici, le troisième malheur vient bientôt. 11. 7/14*

La septième trompette

> *Le septième ange sonna de la trompette. Et il y eut dans le ciel de fortes voix qui disaient: Le royaume du monde est remis à notre Seigneur et à son Christ; et il régnera aux siècles des siècles. Apocalypse 11:15*
>
> *Et les vingt-quatre vieillards, qui étaient assis devant Dieu sur leurs trônes, se prosternèrent sur leurs faces, et ils adorèrent Dieu, en disant: Nous te rendons grâces, Seigneur Dieu tout-puissant, qui es, et qui étais, de ce que tu as saisi ta grande puissance et pris possession de ton règne.*

> *Les nations se sont irritées; et ta colère est venue, et le temps est venu de juger les morts, de récompenser tes serviteurs les prophètes, les saints et ceux qui craignent ton nom, les petits et les grands, et de détruire ceux qui détruisent la terre.*
>
> *Et le temple de Dieu dans le ciel fut ouvert, et l'arche de son alliance apparut dans son temple. Et il y eut des éclairs, des voix, des tonnerres, un tremblement de terre, et une forte grêle.*

C'est la dernière trompette. Elle va sonner pour le rassemblement des élus de Jésus, la résurrection de ceux qui sont morts en Christ, l'enlèvement l'Église à la rencontre du Seigneur.

> *Voici, je vous dis un mystère: nous ne mourrons pas tous, mais tous nous serons changés, en un instant, en un clin d'oeil, à la dernière trompette. La trompette sonnera, et les morts ressusciteront incorruptibles, et nous, nous serons changés. 1 Cor. 15.51*
>
> *Car le Seigneur lui-même, à un signal donné, à la voix d'un archange, et au son de la trompette de Dieu, descendra du ciel, et les morts en Christ ressusciteront premièrement.*
>
> *Ensuite, nous les vivants, qui serons restés, nous serons tous ensemble enlevés avec eux sur des nuées, à la rencontre du Seigneur dans les airs, et ainsi nous serons toujours avec le Seigneur. 1 Thessaloniciens . 4.16.*

Une page se tourne dans le livre de l'histoire du monde. Des phénomènes impressionnant se produisent : des éclairs, des voix, des tonnerres, un tremblement de terre et une forte grêle. (Apoc.11.19) Le monde qui ne s'est pas repenti et se laisse séduire par le diable entre dans un temps de ténèbres et de douleurs. Sept anges vont déverser sur la terre et ses habitants sept dernier fléaux.

> *Alors je vis dans le ciel un autre signe, grand et étonnant ; sept anges qui tenaient sept fléaux, les derniers, car c'est par eux que s'accomplit la colère de Dieu. Apocalypse 15:1*

Le temps de punir le monde pour sa malice et sa méchanceté est arrivé. Esaïe 12.11

Mais avant le moment ou Jean à la vision des anges versant sur les habitants de la terre les coupes de la colère de Dieu et de l'Agneau, il lui est montré deux signes étranges : Une femme et un dragon. Apocalypse 12

Ce chapitre décrit une vision de scènes représentées par des images, des signes symboliques, dans lesquels interviennent des personnages impliqués dans l'accomplissement d'événements qui couvrent toute l'histoire de l'Église, dans le dessein de Dieu.

La femme enveloppée du soleil.

> *Un grand signe apparut dans le ciel : une femme, vêtue du soleil, la lune sous les pieds, et sur la tête une couronne de douze étoiles.*
>
> *Elle était enceinte et criait dans le travail et les douleurs de l'enfantement. 12.1*

Il y a beaucoup de commentaires au sujet de cette femme de la vision de Jean, mais n'oublions pas qu'il s'agit d'un "signe" dans le ciel.

Il existe un espace entre le ciel de Dieu et la terre dans lequel se meuvent une multitudes d'êtres surnaturels et où se produisent toutes sortes d'activités invisibles à nos yeux.

Cet espace appelé "les lieux célestes" est le théâtre de rencontres et de combats dont parlent les Ecritures.

Le prophète Daniel a été instruit de la raison du retard dans l'exaucement de sa prière à cause d'une opposition occulte :

> *L'ange dit à Daniel : ... n'aie pas peur ; dès le premier jour où tu as décidé de comprendre et de t'humilier devant ton Dieu, tes paroles ont été entendues, et c'est à cause de tes paroles que je suis venu.*
>
> *Le prince du royaume de Perse m'a résisté vingt et un jours ; mais Michel, l'un des premiers princes, est venu à mon secours, et je suis resté là, auprès des rois de Perse. Daniel 10.13*
>
> *C'est cet archange Michel ou Michaël que nous retrouvons combattant contre le dragon dans le passage d'Apocalypse 12.7*
>
> *Il y eut alors une guerre dans le ciel. Michel et ses anges combattirent le dragon. Le dragon combattit, lui et ses anges, mais il ne fut pas le plus fort, et il ne se trouva plus de place pour eux dans le ciel.*

L'apôtre Paul parle de dominations, d'autorités, de princes du monde des ténèbres et d'esprits méchants dans les lieux célestes :

> *... les puissances qui dirigent le monde de la nuit, contre les esprits mauvais qui habitent entre le ciel et la terre. les lieux célestes. Ephésiens 6.12 (version de la Bible Parole de vie)12*

Pour comprendre la vision de Jean concernant le signe dans le ciel de la femme et du dragon, il faut tenir compte de plusieurs choses.

En premier l'événement se déroule dans les lieux célestes, ensuite c'est un signe donc une image symbolique, enfin l'enjeu du combat est spirituel.

Jean voit des personnages impliqués dans un événement que nous pouvons déjà situé avec précision : La naissance de Celui qui doit être élevé au dessus de tout, comme Roi et Seigneur.

Elle enfanta un fils, qui doit paître toutes les nations avec une verge de fer. Et son enfant fut enlevé vers Dieu et vers son trône. Apocalypse 12:5

A partir de là nous pouvons mieux identifier la femme enveloppée du soleil car nous savons que l'enfant mâle qu'elle enfante qui est enlevé au ciel est Jésus, le Messie promis à Israël, le Christ envoyé au monde, le Roi des rois et le Seigneur des seigneurs

De sa bouche sort une épée acérée avec laquelle il doit frapper les nations ; c'est lui qui les fera paître avec un sceptre de fer ... Il a sur son vêtement et sur sa cuisse un nom écrit : Roi des rois et Seigneur des seigneurs. Apocalypse 19.15

La Bible est très claire concernant l'origine du Messie, Il descend d'Israël, comme l'affirme l'apôtre Paul, lui-même juif.

Les Israélites, à qui appartiennent l'adoption, et la gloire, et les alliances, et la loi, et le culte, et les promesses, et les patriarches, et de qui est issu, selon la chair, le Christ, qui est au-dessus de toutes choses, Dieu béni éternellement. Amen! Romains 9.4

A partir de là, nous pouvons comprendre la haine et l'acharnement de Satan qui depuis des millénaires s'est efforcé de détruire le peuple juif que Dieu a choisi pour donner au monde un Sauveur, le Christ, selon ce qui est annoncé par les prophètes, dont Esaïe :

Car un enfant nous est né, un fils nous est donné, Et la domination reposera sur son épaule; On l'appellera Admirable, Conseiller, Dieu puissant, Père éternel, Prince de la paix. Esaïe 9:6

Israël est appelée l'épouse de Dieu.

Car ton créateur est ton époux: L'Eternel des armées est son nom; Et ton rédempteur est le Saint d'Israël: Il se nomme Dieu de toute la terre;

> *Car l'Eternel te rappelle comme une femme délaissée et au coeur attristé, Comme une épouse de la jeunesse qui a été répudiée, dit ton Dieu.*
>
> *Quelques instants je t'avais abandonnée, Mais avec une grande affection je t'accueillerai;*
>
> *Dans un instant de colère, je t'avais un moment dérobé ma face, Mais avec un amour éternel j'aurai compassion de toi, Dit ton rédempteur, l'Eternel. Esaïe 54.5*

Israël, apparait dans la Bible comme le peuple enveloppé de la gloire et de la puissance de Dieu.

> *Lève-toi, brille : ta lumière arrive, la gloire du SEIGNEUR se lève sur toi. Certes, les ténèbres couvrent la terre et une obscurité épaisse recouvre les peuples ; mais sur toi le SEIGNEUR se lève, sur toi sa gloire apparaît.*
>
> *Des nations marcheront à ta lumière et des rois à la clarté de ton aurore. Esaïe 60.1*

La couronne formée de douze étoiles est le symbole des douze patriarches et des douze tribus d'Israël. Les douze patriarches sont représentés par des étoiles dans les songes de Joseph.

La lune sous les pieds de la femme précise la situation de la nation d'Israël en rapport avec les autres nations.

> *Des rois seront tes nourriciers, et leurs princesses tes nourrices; Ils se prosterneront devant toi la face contre terre, Et ils lécheront la poussière de tes pieds, Et tu sauras que je suis l'Eternel, Et que ceux qui espèrent en moi ne seront point confus. Esaïe 49:23*
>
> *Il arrivera, dans la suite des temps, Que la montagne de la maison de l'Eternel Sera fondée sur le sommet des montagnes, Qu'elle s'élèvera par-dessus les collines, Et que toutes les nations y afflueront.*
>
> *Des peuples s'y rendront en foule, et diront: Venez, et montons à la montagne de l'Eternel, A la maison du Dieu de Jacob, Afin qu'il nous enseigne ses voies, Et que nous marchions dans ses sentiers. Car de Sion sortira la loi, Et de Jérusalem la parole de l'Eternel. Esaïe 2.2*

Le travail et les douleurs de l'enfantement figurent les souffrances d'Israël depuis l'arrivée de Jacob et de ses fils en Egypte, jusqu'à son rétablissement final au jour de la goire de Christ sur la terre.

Au temps de l'antéchrist, Israël sera protégé de la fureur du diable. C'est ce qu'indique le passage" suivant :

Alors les deux ailes du grand aigle furent données à la femme pour qu'elle s'envole au désert, vers son lieu, où elle devait être nourrie un temps, des temps et la moitié d'un temps, loin du serpent.

De sa bouche, le serpent vomit de l'eau comme un fleuve derrière la femme pour que le fleuve l'emporte.

Mais la terre secourut la femme, elle ouvrit sa bouche et engloutit le fleuve que le dragon avait vomi de sa bouche. Dieu vient à son secours. 12.14

Israël va être protégée pendant un temps des desseins du dragon. Dieu le délivre de la destruction, peut-être par une intervention du monde politique (la terre) qui va contrarié le plan du diable. C'est un avis personnel !

Remarquons l'expression : un temps, deux temps et la moitié d'un temps, employée pour désignée une époque de trois ans et demi, ou 42 mois (Apoc.13.5) ou 1260 jours(12.6). c'est un temps limité, mais son refuge est sûr. Le désert peut signifier qu'Israël sera pour un temps déternminé à l'écart des agitations politique des nattions.

Le reste de la postérité de la femme... Est-ce le même reste qu'en Romains 11. 5 ? Ou est-il question de ceux qui n'auront pas été enlevés à l'avènement du Seigneur ?

Enfin nous savons aussi qu'à la fin des temps, toutes les nations monteront contre Israël pour le détruire.

Quand les mille ans seront accomplis, Satan sera relâché de sa prison.

Et il sortira pour séduire les nations qui sont aux quatre coins de la terre, Gog et Magog, afin de les rassembler pour la guerre; leur nombre est comme le sable de la mer.

Et ils montèrent sur la surface de la terre, et ils investirent le camp des saints et la ville bien-aimée. Mais un feu descendit du ciel, et les dévora.

Et le diable, qui les séduisait, fut jeté dans l'étang de feu et de soufre, où sont la bête et le faux prophète. Et ils seront tourmentés jour et nuit, aux siècles des siècles. Apocalypse 20.7

Le grand dragon rouge

Ici pas d'hésitation, nous comprenons immédiatement de qui il s'agit. D'ailleurs son identité est révélée au verset 9 : le grand dragon, le serpent ancien, appelé le diable et Satan.

Son but est toujours le même : détruire, disperser, dévorer... s'opposer de toutes ses forces et par tous les moyens à l'accomplissement des desseins de Dieu : Nous le retrouvons à toutes les époques et à tous les moments importants de la mise en place d'un plan divin :

· Au commencement, avec Adam et Eve.

· A la naissance du peuple d'Israël, au travers des épreuves infligées aux patriarches.

· A la naissance de Moïse par la mise à mort des enfants mâles, en Égypte

· A la naissance de Jésus, par la tentative du roi Hérode, faisant mourir les enfants de Bethléhem.

Il cherche à détruire et a dévorer, c'est un meurtrier. Cependant nous voyons aussi que les desseins de Dieu s'accomplissent toujours, malgré l'opposition du diable.

Il y a des guerres dans le ciel

> *Et il y eut guerre dans le ciel. Michel et ses anges combattirent contre le dragon. Et le dragon et ses anges combattirent, mais ils ne furent pas les plus forts, et leur place ne fut plus trouvée dans le ciel. Apocalypse 12:7*

Il y a en permanence des combats dans les lieux célestes et ces combats nous concernent particulièrement. Éphésiens 6.10... - 1 Pierre 5.8

Nous n'échappons pas à cette constatation :

· Jésus a rencontré Satan, le tentateur, en combat singulier, à plusieurs reprises.

· Les apôtres aussi, ont eu à faire à lui. Luc 22.31

· Paul n'a pas été épargné par ses agressions. 2 Corinthiens 12.7 – 1 Thessaloniciens 2.18

C'est le lot de tous ceux qui sont à Christ. 1 Pierre 5.8-9

Le passage du chapitre 12 révèle Satan comme un être monstrueux un dragon rouge, dont la première action néfaste a été d'entrainer dans sa révolte contre Dieu le tiers des anges appelés maintenant "les anges de Satan".

Dans cette vision, Jean voit une bataille gigantesque qui s'engage dans le ciel, une armée d'anges de Dieu sous la direction de l'archange Michaël contre celle du diable et de ses anges. Mais ils (le diable et ses anges) ne furent pas les plus forts. Apoc.12.8 (Laissez-moi crier : Alléluïa !)

Nous devons aussi avoir la certitude que Satan est un ennemi vaincu à qui nous pouvons lui résister et même le faire fuir.

Pierre dit : Résistez lui avec une foi ferme. 1 Pierre 5.9. L'apôtre Jacques affirme que si nous lui résistons, il s'enfuira loin de nous. Jacques 4.7

Des armes puissantes et spirituelles sont à notre disposition pour ce combat. Ce sont les armes de Dieu avec lesquelles nous pouvons résister, vaincre et renverser des forteresse.

Car les armes avec lesquelles nous combattons ne sont pas charnelles; mais elles sont puissantes, par la vertu de Dieu, pour renverser des forteresses. 2 Corinthiens 10:4

La première chose qu'il faut proclamer c'est la victoire de Christ et la valeur de son sang dans laquelle nous nous confions :

Mais eux, ils l'ont vaincu par le sang de l'agneau et par la parole dont ils ont rendu témoignage ... Apocalypse 12:11

En réalité le combat déterminant pour la défaite du diable est celui que Jésus a accompli par sa mort sur la croix et sa résurrection.

Ainsi donc, puisque les enfants participent au sang et à la chair, il y a également participé lui-même, afin que, par la mort, il anéantît celui qui a la puissance de la mort, c'est-à-dire le diable, et qu'il délivrât tous ceux qui, par crainte de la mort, étaient toute leur vie retenus dans la servitude. Hébreux 2.14

il a dépouillé les dominations et les autorités, et les a livrées publiquement en spectacle, en triomphant d'elles par la croix. Colossiens 2:15

Il faut ajouter à cela l'armure de Dieu que l'apôtre mentionne dans sa lettre aux disciples d'Ephèse.

Au reste, fortifiez-vous dans le Seigneur, et par sa force toute-puissante.

Revêtez-vous de toutes les armes de Dieu, afin de pouvoir tenir ferme contre les ruses du diable.

Car nous n'avons pas à lutter contre la chair et le sang, mais contre les dominations, contre les autorités, contre les princes de ce monde de ténèbres, contre les esprits méchants dans les lieux célestes.

C'est pourquoi, prenez toutes les armes de Dieu, afin de pouvoir résister dans le mauvais jour, et tenir ferme après avoir tout surmonté. Ephésiens 6. 10

A l'issue du du combat contre Michaël le diable est chassé des lieux célestes et précipité sur la terre. N'ayant plus accès à l'espace contrôlé maintenant par le Seigneur et son armée le diable va déchainer sa colère contre les "habitants de la terre". L'expression "les habitants de la terre" s'applique à ceux dont le nom n'est pas écrit dans le livre de vie de l'Agneau. Ceux dont la demeure n'est pas le ciel, à l'opposé de ceux qui habitent dans les cieux. Philippiens 3.20

Ceux là sont invités à se réjouir de la victoire de Michael et de ses anges, de la victoire de Jésus à la croix et par conséquent de leur propre victoire par la foi en Christ.

C'est pourquoi réjouissez-vous, cieux, et vous qui habitez dans les cieux. Apocalypse 12:12

La terre va être l'objet de la colère du dragon :   Malheur à la terre et à la mer! car le diable est descendu vers vous, animé d'une grande colère, sachant qu'il a peu de temps.

Et particulièrement Israël : Apocalypse 12:13 Quand le dragon vit qu'il avait été précipité sur la terre, il poursuivit la femme qui avait enfanté l'enfant mâle. (13.12) Nous avons plus haut comment elle est secourue.

Notons en terminant ce chapitre 12 que le diable est une ennemi toujours aux aguets. (12.18) Il rôde cherchant qui il va dévorer... 1 Pierre 5.8

L'Antéchrist et le faux prophète

La septième trompette a retenti, l'Église a été enlevée avec son Seigneur, les noces de l'Agneau se déroulent dans le ciel. C'est le moment où le dragon va étendre son règne de ténèbres sur tous les habitants de la terre, sur tous les peuples et toutes les nations, car plus rien ne le retient (2 Thess. 2./7)

Une bête monte de la mer ... Apoc.13.1

Jean reçoit des visions étonnantes et terrifiantes, dans lesquelles nous retrouvons les descriptions des visions du prophète Daniel. Dieu emploie des métaphores dont le symbolisme parle avec insistance de la monstruosité de ces royaumes despotiques qui vont s'appesantir sur un monde privé de tout repaire.

On aborde ici l'étude d'un personnage mystérieux. L'apôtre Paul parle à son sujet du mystère de l'iniquité :

> *Car le mystère de l'iniquité agit déjà; il faut seulement que celui qui le retient encore ait disparu. Et alors paraîtra l'impie. 2 Thessaloniciens 2.7*

Quand Paul écrit : le mystère de l'iniquité agit déjà, nous comprenons qu'il y avait déjà à l'œuvre, clandestinement, un puissant esprit de désobéissance envers Dieu. Il était à l'œuvre sous forme de mystère ; non pas que c'était quelque chose de mystérieux, mais plutôt que cela n'était pas encore pleinement manifesté. C'était là en germe.

L'apôtre Jean parle de la même chose quand il écrit que des antéchrists sont déjà dans le monde.

Petits enfants, c'est la dernière heure, et comme vous avez appris qu'un antéchrist vient, il y a maintenant plusieurs antéchrists: par là nous connaissons que c'est la dernière heure. 1 Jean 2:18

Il y a à l'œuvre dans le monde et de plus en plus un esprit séducteur qui inspire les faux prophètes et les faus docteurs pour répande des fausses doctrines et des fausses révélation. Cet esprit séducteur est est le même que celui de l'antéchrist, c'est l'esprit qui agit dans les fils de la rébellion comme l'écrit l'apôtre Paul. *"le chef des puissances mauvaises qui règnent entre ciel et terre. Ce chef, c'est l'esprit du mal qui agit maintenant chez ceux qui désobéissent à Dieu." Éphésiens 2.2 (version Parole de Vie)*

Cet esprit du mal ou du péché agit mystérieusement, c'est à dire de manière insidieuse, cachée, inspirant les pécheurs dans leur révolte contre Dieu. Un jour un être va paraître aux yeux de tous personnifiant l'esprit de Satan, c'est l'homme du péché, comme l'appelle l'apôtre Paul, l'antéchrist, comme le nomme Jean. 1 Jean 2.22

Deux noms sont utilisés pour le désigner :

. **L'Antichrist**, l'opposé du Christ,

> *C'est l'homme du péché, le fils de la perdition, l'adversaire qui s'élève au-dessus de tout ce qu'on appelle Dieu ou de ce qu'on adore ...*

. **L'Antéchrist**, celui qui vient avant, comme pour devancer l'avènement de Christ en se faisant passer pour lui.

> *... jusqu'à s'asseoir dans le temple de Dieu, se proclamant lui–même Dieu. 2 Thessaloniciens 2.3,4*

Au verset premier de chapitre 2, il est question de *l'avènement de notre Seigneur Jésus-Christ et notre réunion avec lui.*

Dans sa première lettre aux disciples de Thessalonique Paul précise ce que sera le jour de notre réunion avec Jésus :

> *Car le Seigneur lui-même, à un signal donné, à la voix d'un archange, et au son de la trompette de Dieu, descendra du ciel, et les morts en Christ ressusciteront premièrement.*
>
> *Ensuite, nous les vivants, qui serons restés, nous serons tous ensemble enlevés avec eux sur des nuées, à la rencontre du Seigneur dans les airs, et ainsi nous serons toujours avec le Seigneur. 1 Thessaloniciens 4.16*

Pour ce qui concerne le temps de l'Antéchrist, voici encore ce que nous lisons dans la lettre de Paul :

> *Et maintenant vous savez ce qui le retient, afin qu'il ne paraisse qu'en son temps.*
>
> *Car le mystère de l'iniquité agit déjà ; il faut seulement que celui qui le retient encore ait disparu.*
>
> *Et alors paraîtra l'impie, que le Seigneur Jésus détruira par le souffle de sa bouche, et qu'il anéantira par l'éclat de son avènement. 2 Thessaloniciens 2.6*

Qu'est ce qui retient le jour où l'antéchrist manifestera son autorité et son règne sur le monde entier ?

Plusieurs hypothèses ont été émises dont celle qui dit que c'est le Saint-Esprit qui habite dans l'Eglise sur la terre.

Lorsque le Saint-Esprit avec l'Eglise auront été enlevés du monde plus rien n'empêchera l'antéchrist d'étendre son règne de ténèbres sur tous les habitants de la terre, sur tous les peuples et toutes les nations. 2 Thessaloniciens 2./7.

> *L'apparition de cet impie se fera, par la puissance de Satan, avec toutes sortes de miracles, de signes et de prodiges mensongers, et avec toutes les séductions de l'iniquité pour ceux qui périssent parce qu'ils n'ont pas reçu l'amour de la vérité pour être sauvés. 2 Thessaloniciens 2.9*

Ce passage correspond à ce qui est écrit en Apocalypse 13.11-...

> *Puis je vis monter de la terre une autre bête, qui avait deux cornes semblables à celles d'un agneau, et qui parlait comme un dragon.*
>
> *Elle exerçait toute l'autorité de la première bête en sa présence, et elle faisait que la terre et ses habitants adoraient la première bête, dont la blessure mortelle avait été guérie.*
>
> *Elle opérait de grands prodiges, même jusqu'à faire descendre du feu du ciel sur la terre, à la vue des hommes.*
>
> *Et elle séduisait les habitants de la terre par les prodiges qu'il lui était donné d'opérer en présence de la bête, disant aux habitants de la terre de faire une image à la bête qui avait la blessure de l'épée et qui vivait.*

On peut affirmer que Satan prépare déjà subtilement la venue de son "dictateur mondial".

> *Petits enfants, c'est la dernière heure, et comme vous avez appris qu'un antéchrist vient, il y a maintenant plusieurs antéchrists: par là nous connaissons que c'est la dernière heure. 1 Jean 2:18*

En écrivant ces lignes et en considérant l'ampleur du péché dans le monde, haine, violence, injustice, impureté et dissolution des mœurs, on voit que l'esprit de l'antéchrist est à l'œuvre préparant le moment où ce personnage impudent, serviteur de Satan, sera proclamé roi et dieu de toute la terre.

L'apôtre Jean décrit la vision qu'il reçoit Apocalypse 13.1 :

> *"Puis je vis monter de la mer une bête qui avait dix cornes et sept têtes, et sur ses cornes dix diadèmes, et sur ses têtes des noms de blasphème.*
>
> *La bête que je vis était semblable à un léopard; ses pieds étaient comme ceux d'un ours, et sa gueule comme une gueule de lion. Le dragon lui donna sa puissance, et son trône, et une grande autorité."*

Les visions de l'apôtre sont étonnantes et terrifiantes comme celles du prophète Daniel. (Daniel 7.17,23)

Dieu révèle les événements par des métaphores dont le symbolisme reste mystérieux. D'après l'explication donnée par l'ange au prophète les bêtes ou animaux apparaissant dans ses visons représentent une succession de royaumes, le quatrième ressemblant à celui qui est décrit dans Apocalypse 13.1

> *"Après cela, je regardai pendant mes visions nocturnes, et voici, il y avait un quatrième animal, terrible, épouvantable et extraordinairement fort; il avait de grandes dents de fer, il mangeait, brisait, et il foulait aux pieds ce qui restait; il était différent de tous les animaux précédents, et il avait dix cornes. Je considérai les cornes, et voici, une autre petite corne sortit du milieu d'elles, et trois des premières cornes furent arrachées devant cette corne; et voici, elle avait des yeux comme des yeux d'homme, et une bouche, qui parlait avec arrogance". Daniel 7.7 :*

La comparaison avec la bête d'Apocalypse 13.1 est frappante.

Comme l'apôtre Jean, Daniel la voit "monter" de la mer. Or la mer est dans la Bible le symbole des peuples, des nations (Apocalypse 17.15).

Il s'agit donc ici, en Apocalypse 13 comme dans Daniel, d'un royaume qui s'établit sur les nations. Le fait qu'il "monte" signifie que son avènement n'est pas soudain, mais le résultat d'une longue action préparant les habitants de la terre à le recevoir comme l'ultime recours à leurs problèmes, un messie. Sa venue aura été précédée par différentes formes de dictatures ou d'empires (Daniel 7.3/6). L'empereur romain en son temps a été considéré comme un antéchrist.

D'après Daniel et Jean, le dernier royaume est mondial. Il existera juste avant l'avènement du royaume de Dieu (Daniel 7.26/27 – Daniel 8.25 – Apocalypse 19.11 0 21).

L'arrivée de ce royaume sera suscité par des événements qui auront bouleversé les nations (la grande mer) :

> *"Daniel commença et dit: Je regardais pendant ma vision nocturne, et voici, les quatre vents des cieux firent irruption sur la grande mer". Daniel 7:2*

En fait, ces bouleversements successifs amèneront les nations à chercher une solution stable et définitive pour régler leurs problèmes et mettre fin à des conflits nationaux et internationaux de plus en plus meurtriers (Dans les visions de Daniel et de Jean il est question à chaque fois d'animaux sauvages et destructeurs : un lion, un ours, un léopard).

Les chefs des nations seront prêts à accepter un gouvernement universel auquel ils confèreront leurs pouvoirs, espérant amener la stabilité et la paix dans le monde, selon ce qu'écrit Jean : "Et la terre entière suit la bête" ... Apoc.13. 3 - "...Il donnent leur autorité à la bête... Apoc.17.13 :

C'est le dessein de Dieu. Apocalypse 17.17

Ce dernier royaume, le quatrième dans la description de Daniel, est un royaume particulier formé par l'association des nations dans une fédération d'états dont les chefs s'unissent et prennent à tour de rôle la présidence (Apocalypse 17.12), jusqu'à ce que paraisse celui qui va le mieux personnifier la pensée de Satan, le dragon, et le mieux représenter : un dictateur cruel qui prendra le pouvoir total. Il est appelé l'homme du péché, l'impie qui s'élève par la puissance de Satan et avec son autorité (2 Thessaloniciens 2.9 - Apocalypse 13.4).

Il s'agira d'un homme habité par le diable, comme Judas en son temps pour livrer Jésus. ... *"Satan entra dans Judas." Luc 22:3*

Satan continue de copier Dieu; comme Dieu était en Christ, ainsi Satan sera dans l'antéchrist. Le diable copieur de Dieu, suscite son "oint" afin de prendre par lui le contrôle total du monde.

Déjà et depuis le début de l'histoire de l'Église, le diable a suscité des faux christs et des faux prophètes pour tenter de semer la confusion et empêcher le développement des desseins de Dieu pour les hommes. *"Petits enfants, c'est la dernière heure, et comme vous avez appris qu'un antéchrist vient, il y a maintenant plusieurs antéchrists: par là nous connaissons que c'est la dernière heure". 1 Jean 2:18*

L'antéchrist s'élèvera contre tout ce qui est Dieu, il voudra prendre la place de Dieu et se faire adorer. A travers lui, le monde adorera Satan, l'instigateur et le maître réel, dont l'antéchrist est la créature et le serviteur. Comparer avec Matthieu 4.8/9.

Dans ses phases successives de son règne l'antéchrist est présenté sous les traits d'un félin, d'un léopard, qui se tapit, guettant sa proie, surgissant au moment le plus propice pour la saisir. Cela dénote à la fois, la ruse, l'intelligence et la rapidité.

Cet animal a des pattes d'ours, symbole de la force brutale qui écrase et détruit, mais aussi d'un pouvoir totalitaire. Il a la gueule d'un lion, symbole de la férocité et de la cruauté, qui dévore sa proie sans état d'âme.

> *"Il foule, dévore et brise toute la terre". Dan. 7.23 6 (lire aussi Apocalypse 13)*

Ce dernier chef des nations est dépeint sous un jour terrifiant : impudent et artificieux, destructeur et persécuteur, fort, rusé et arrogant, cruel et meurtrier, terriblement orgueilleux jusqu'à la déification (Daniel 8.23 à 25)

Le royaume, ou les royaumes successifs de l'ère de la bête, le dragon rouge, est présenté comme l'apothéose de l'intelligence (le léopard, un félin), de la force (l'ours, la force brutale), mais aussi d'un pouvoir totalitaire (le lion, un roi) blasphémateur, qui s'élève contre Dieu, se déifiant lui-même. 2 Thess.2.3/4

Plusieurs personnages puissants vont se succéder à la tête de ce royaume, jusqu'à ce que paraisse celui qui va le mieux personnifier la pensée du dragon, de Satan, et le mieux représenter : L'homme du péché, l'impie …qui vient avec la puissance de Satan. (2 Thess.2.9) et avec son autorité. Apoc.13.4

A travers lui, le monde adorera Satan, à qui cet homme du péché est asservi. Il est sa créature. Comparer avec Matthieu 4.8/9.

Les Écritures nous obligent à être lucides quand à l'avenir de notre société. Nous ressentons bien que la tendance générale actuelle est le regroupement de toutes les nations sous une seule autorité politique, économique et militaire, qui pourrait assurer la paix et une prospérité durables.

Il faut aussi être très prudent lorsqu'il s'agit de fixer la chronologie de l'accomplissement des desseins divins dans l'histoire des hommes. D'ailleurs le pouvons nous vraiment ?

Dieu est surprenant dans ses interventions et puis ses paroles sont souvent mal interprétées. Les prophètes eux mêmes n'ont pas toujours compris les desseins de Dieu.

> *Les prophètes, qui ont prophétisé touchant la grâce qui vous était réservée, ont fait de ce salut l'objet de leurs recherches et de leurs investigations, voulant sonder l'époque et les circonstances marquées par l'Esprit de Christ qui était en eux, et qui attestait d'avance les souffrances de Christ et la gloire dont elles seraient suivies.*

> *Il leur fut révélé que ce n'était pas pour eux-mêmes, mais pour vous, qu'ils étaient les dispensateurs de ces choses, que vous ont annoncées maintenant ceux qui vous ont prêché l'Evangile par le Saint-Esprit envoyé du ciel, et dans lesquelles les anges désirent plonger leurs regards. 2 Pierre 1.10*

Une seconde bête monte de la terre.

La vision de l'apôtre Jean présente une mystérieuse association de deux bêtes différentes et complémentaires suscitées par Satan pour l'accomplissement de son plan.

Après ou dans le même temps que l'avènement apparait une seconde bête associée à la première : le faux prophète, c'est-à-dire le chef d'une religion universelle qui réussira, en parallèle avec le monde politique, à établir une religion unique dans le monde.

Ce sera l'union du pouvoir politico-militaire d'une dictature implacable avec la séduction d'un pouvoir politico-religieux. Il est opportun de noter que dans l'histoire des nations bon nombre de despotes se sont associés au pouvoir religieux afin de mieux séduire leurs peuples.

La seconde bête monte de la terre, ce qui symbolise ici l'émergence d'un personnage issu d'un milieu religieux suscité par Satan pour mettre ses pouvoirs surnaturels diaboliques au service de l'antéchrist afin de mieux asseoir l'autorité de ce dernier sur le monde entier (Apocalypse 13.11 à 17).

Il s'agit d'un homme qui est à la tête d'une organisation religieuse mondiale dont l'autorité est incontestable à cause de ses pouvoirs miraculeux occultes. Le faux prophète sera le porte-parole de Satan, son prophète. Son rôle est d'établir une religion universelle qui sera la synthèse de toutes les religions.

Lui aussi "il monte" comme un système qui émerge petit à petit et finit par s'imposer au monde entier.

Le faux prophète a l'apparence d'un agneau mais il parle comme un dragon. Déguisés en brebis, les faux prophètes véhiculent des doctrines de démons.

Il s'agit de la grande séduction que Jésus annonce dans ces discours en Matthieu 24, une séduction qui séduirait les élus si c'était possible.

> *Car il s'élèvera de faux Christs et de faux prophètes; ils feront de grands prodiges et des miracles, au point de séduire, s'il était possible, même les élus. Matthieu 24:24*

La séduction religieuse existe depuis toujours, mais à l'instar des choses qui se manifesteront à la fin des temps elle aussi "monte" progressivement jusqu'à son apogée.

> *"Et je vis sortir de la bouche du dragon, et de la bouche de la bête, et de la bouche du faux prophète, trois esprits impurs, semblables à des grenouilles. Car ce sont des esprits de démons, qui font des prodiges, et qui vont vers les rois de toute la terre, afin de les rassembler pour le combat du grand jour du Dieu tout-puissant". Apocalypse 16.13*

Malgré son apparente incrédulité l'être humain garde au fond de lui une sensibilité spirituelle et un attrait pour le religieux et le surnaturel. C'est pourquoi le dragon va susciter l'homme de la séduction religieuse qui entraînera les habitants de la terre à une totale soumission.

Sa puissance miraculeuse va contribuer à établir l'autorité de la première bête, l'antéchrist (2 Thessaloniciens 2.9/10 et Apocalypse 13.13/14).

> *Puis je vis monter de la terre une autre bête, qui avait deux cornes semblables à celles d'un agneau, et qui parlait comme un dragon.*
>
> *Elle exerçait toute l'autorité de la première bête en sa présence, et elle faisait que la terre et ses habitants adoraient la première bête, dont la blessure mortelle avait été guérie.*
>
> *Elle opérait de grands prodiges, même jusqu'à faire descendre du feu du ciel sur la terre, à la vue des hommes.*
>
> *Et elle séduisait les habitants de la terre par les prodiges qu'il lui était donné d'opérer en présence de la bête, disant aux habitants de la terre de faire une image à la bête qui avait la blessure de l'épée et qui vivait.*
>
> *Et il lui fut donné d'animer l'image de la bête, afin que l'image de la bête parlât, et qu'elle fît que tous ceux qui n'adoreraient pas l'image de la bête fussent tués.*
>
> *Et elle fit que tous, petits et grands, riches et pauvres, libres et esclaves, reçussent une marque sur leur main droite ou sur leur front, et que personne ne pût acheter ni vendre, sans avoir la marque, le nom de la bête ou le nombre de son nom.*

Remarquons l'expression qui revient dans ce chapitre " Il lui fut donné... " Cela nous rappelle la façon dont le diable tenta Jésus :

> *Le diable, l'ayant élevé, lui montra en un instant tous les royaumes de la terre, et lui dit: Je te donnerai toute cette puissance, et la gloire de ces royaumes; car elle m'a été donnée, et je la donne à qui je veux.*
>
> *Si donc tu te prosternes devant moi, elle sera toute à toi. Luc 4.5*

Satan, le prince des ténèbres, est l'instigateur et le véritable artisan de la mise en place de l'antéchrist. Il impose sans retenue son pouvoir despotique et diabolique, mélange de ruse (le léopard), de force (l'ours) et cruauté (le lion), à un monde qui n'a plus de protection car il a rejeté Dieu. (13.8)(Apocalypse 13.8).

666. le nombre mystérieux.

Le nombre 666 apparaît comme "un sceau", un cachet qui imprime son empreinte :

> *"Et elle fit que tous, petits et grands, riches et pauvres, libres et esclaves, reçussent une marque sur leur main droite ou sur leur front, et que personne ne pût acheter ni vendre, sans avoir la marque, le nom de la bête ou le nombre de son nom." Apocalypse 13.16/17*

C'est l'empreinte diabolique qui s'inscrira dans l'esprit et l'âme de tous ceux qui adoreront la bête, qui se soumettront entièrement à son autorité.

Certains assurent qu'il s'agit d'une puce électronique greffée sur la main ou le front. Il est vrai que déjà ce genre de puces très miniaturisée est utilisée dans certains domaines, mais je crois que la marque de la bête ira beaucoup plus loin. Ce sceau est de nature spirituelle, il est une empreinte de la volonté satanique que la bête, l'antéchrist et son associé le faux-prophète, imprimeront dans l'esprit, le cœur, l'âme, de tous les habitants de la terre et ceux qui refuseront de se soumettre leur volonté à celle de l'antéchrist seront résisteront seront mis à mort.

Il y a une similitude, mais tout à fait à l'opposé, avec l'œuvre du Saint-Esprit imprimant les sentiments et la nature de Christ dans les esprits et les cœurs de ceux qui appartiennent aux Seigneur Jésus-Christ.

> *Mais voici l'alliance que je ferai avec la maison d'Israël, Après ces jours-là, dit le Seigneur: Je mettrai mes lois dans leur esprit, Je les écrirai dans leur cœur; Et je serai leur Dieu, Et ils seront mon peuple. Hébreux 8.10*

On peut aussi faire un parallèle avec un autre sceau, celui de Dieu qui scelle ceux qui sont rachetés par le sang de Jésus :

Et celui qui nous affermit avec vous en Christ, et qui nous a oints, c'est Dieu, lequel nous a aussi marqués d'un sceau et a mis dans nos cœurs les arrhes de l'Esprit. 2 Corinthiens 2.21

En lui vous aussi, après avoir entendu la parole de la vérité, l'Evangile de votre salut, en lui vous avez cru et vous avez été scellés du Saint-Esprit qui avait été promis, lequel est un gage de notre héritage, pour la rédemption de ceux que Dieu s'est acquis, à la louange de sa gloire. Ephésiens 1:13

666

Ce chiffre symbolique est un nombre d'homme, il désigne la sagesse humaine, inachevée, imparfaite, qui n'arrive pas à la perfection dans sa finalité. C'est le nombre de l'être humain non régénéré, sous l'influence de l'esprit qui gouverne le monde des ténèbres (Ephésiens 2.1/2).

Le système politico-religieux mondial de l'antéchrist et du faux-prophète aura beau être puissant et bien structuré, unissant la force militaire, la ruse politique et la séduction religieuse, il n'en sera pas moins imparfait et fragile, c'est ce que signifie le chiffre 666. Cela nous rappelle la prophétie de Daniel :

Il y aura un quatrième royaume, fort comme du fer; de même que le fer brise et rompt tout, il brisera et rompra tout, comme le fer qui met tout en pièces.

Et comme tu as vu les pieds et les orteils en partie d'argile de potier et en partie de fer, ce royaume sera divisé; mais il y aura en lui quelque chose de la force du fer, parce que tu as vu le fer mêlé avec l'argile.

Et comme les doigts des pieds étaient en partie de fer et en partie d'argile, ce royaume sera en partie fort et en partie fragile.

Tu as vu le fer mêlé avec l'argile, parce qu'ils se mêleront par des alliances humaines; mais ils ne seront point unis l'un à l'autre, de même que le fer ne s'allie point avec l'argile. Daniel 2.40

Dans le contexte de la Bible les chiffres ont souvent une signification spirituelle, mais on ne peut leur faire dire n'importe quoi comme les adeptes de "la science de la numérologie".

Depuis longtemps on a attribué ce chiffre symbolique à différents personnages : les empereurs romains, Hitler et même le pape !

Ici aussi il s'agit d'un mystère. Il convient alors être prudents dans nos interprétions. Il est toujours dangereux de vouloir personnaliser les symboles même s'il est vrai que certains personnages de l'histoire du monde ont pu à leur époque incarner l'antéchrist par leur aspiration à devenir les chefs du monde.

Les Écritures nous apprennent à être lucides quand à l'avenir de notre société. Il n'est pas besoin d'être expert en sociologie pour discerner que les tentatives des principales nations pour s'unir et se fédérer afin d'établir un gouvernement mondial sont inspirées par Satan, le prince de ce monde.

L'apogée du règne de Satan, lorsque toutes les nations et les peuples de la terre se soumettront à l'antéchrist, ne sera possible que lorsque celui qui le retient sera enlevé de la terre :

L'apôtre Paul écrit : Car le mystère de l'iniquité agit déjà; il faut seulement que celui qui le retient encore ait disparu. 2 Thessaloniciens 2:7.

Depuis le temps où l'apôtre écrit, le système diabolique de gouvernent du monde se met en place : le mystère de l'iniquité agit depuis longtemps préparant l'apparition de l'homme de l'iniquité suscité par la puissance et la séduction de Satan, pour établir le royaume de l'iniquité (2 Thessaloniciens 2.3/12)

Une fin soudaine et brutale.

Dieu a dit par un de ses prophètes : Mais les ténèbres ne régneront pas toujours sur la terre où il y a maintenant des angoisses:. Esaïe 9:1

La fin du règne de l'antéchrist est annoncée comme soudaine et irrémédiable lorsque paraîtra dans une lumière éblouissante le Rois des rois, le Seigneur des seigneurs, Jésus-Christ :

"Puis je vis le ciel ouvert, et voici, parut un cheval blanc. Celui qui le montait s'appelle Fidèle et Véritable, et il juge et combat avec justice.

Ses yeux étaient comme une flamme de feu; sur sa tête étaient plusieurs diadèmes; il avait un nom écrit, que personne ne connaît, si ce n'est lui-même; et il était revêtu d'un vêtement teint de sang. Son nom est la Parole de Dieu.

Les armées qui sont dans le ciel le suivaient sur des chevaux blancs, revêtues d'un fin lin, blanc, pur. De sa bouche sortait une épée aiguë, pour frapper les nations; il les paîtra avec une verge de fer; et il foulera la cuve du vin de l'ardente colère du Dieu tout-puissant.

Il avait sur son vêtement et sur sa cuisse un nom écrit: Roi des rois et Seigneur des seigneurs.

Et je vis un ange qui se tenait dans le soleil. Et il cria d'une voix forte, disant à tous les oiseaux qui volaient par le milieu du ciel:

"Venez, rassemblez-vous pour le grand festin de Dieu, afin de manger la chair des rois, la chair des chefs militaires, la chair des puissants, la chair des chevaux et de ceux qui les montent, la chair de tous, libres et esclaves, petits et grands."

Et je vis la bête, et les rois de la terre, et leurs armées rassemblées pour faire la guerre à celui qui était assis sur le cheval et à son armée.

Et la bête fut prise, et avec elle le faux prophète, qui avait fait devant elle les prodiges par lesquels il avait séduit ceux qui avaient pris la marque de la bête et adoré son image. Ils furent tous les deux jetés vivants dans l'étang ardent de feu et de soufre.

Et les autres furent tués par l'épée qui sortait de la bouche de celui qui était assis sur le cheval; et tous les oiseaux se rassasièrent de leur chair".
Apocalypse 19. 11

Le prophète Daniel l'a aussi annoncée :

"Je regardai, pendant que l'on plaçait des trônes. Et l'ancien des jours s'assit. Son vêtement était blanc comme la neige, et les cheveux de sa tête étaient comme de la laine pure; son trône était comme des flammes de feu, et les roues comme un feu ardent.

Un fleuve de feu coulait et sortait de devant lui. Mille milliers le servaient, et dix mille millions se tenaient en sa présence. Les juges s'assirent, et les livres furent ouverts.

Je regardai alors, à cause des paroles arrogantes que prononçait la corne; et tandis que je regardais, l'animal fut tué, et son corps fut anéanti, livré au feu pour être brûlé.

Les autres animaux furent dépouillés de leur puissance, mais une prolongation de vie leur fut accordée jusqu'à un certain temps.

Je regardai pendant mes visions nocturnes, et voici, sur les nuées des cieux arriva quelqu'un de semblable à un fils de l'homme; il s'avança vers l'ancien des jours, et on le fit approcher de lui.

On lui donna la domination, la gloire et le règne; et tous les peuples, les nations, et les hommes de toutes langues le servirent. Sa domination est une domination éternelle qui ne passera point, et son règne ne sera jamais détruit". Daniel 7.9 - Daniel 7:26

Cependant Satan ne s'avouera jamais vaincu jusqu'à ce qu'il soit mis définitivement hors d'état de nuire :

Quand les mille ans seront achevés, le Satan sera relâché de sa prison, et il sortira pour égarer les nations qui sont aux quatre coins de la terre, Gog et Magog, afin de les rassembler pour la guerre. Leur nombre est comme le sable de la mer.

Ils montèrent sur toute la surface de la terre et ils investirent le camp des saints et la ville bien-aimée. Mais un feu descendit du ciel et les dévora.

Le diable qui les égarait fut jeté dans l'étang de feu et de soufre, où sont la bête et le prophète de mensonge. Ils seront tourmentés jour et nuit, à tout jamais. Apocalypse 20.7

En lisant ce qui concerne l'avènement de l'antéchrist et les prophéties qui annoncent les jugements de la fin des temps, certains sont inquiets. Alors je vous rappelle les paroles du Seigneur Jésus :

Ne craignez pas ceux qui tuent le corps et qui ne peuvent tuer l'âme; craignez plutôt celui qui peut faire périr l'âme et le corps dans la géhenne.

Ne vend-on pas deux passereaux pour un sou? Cependant, il n'en tombe pas un à terre sans la volonté de votre Père.

Et même les cheveux de votre tête sont tous comptés.

Ne craignez donc point: vous valez plus que beaucoup de passereaux. Matthieu 10.28

Ne crains point, petit troupeau; car votre Père a trouvé bon de vous donner le royaume. Luc 12:32

Quand ces choses commenceront à arriver, redressez-vous et levez vos têtes, parce que votre délivrance approche. Luc 21:28

Nous n'attendons pas l'apparition de l'antéchrist, mais celle de notre Seigneur Jésus-Christ sur les nuées du ciel venant enlever ses élus, pour être toujours avec lui.

On entendra un cri de commandement, la voix de l'archange et le son de la trompette de Dieu, et le Seigneur lui-même descendra du ciel. Ceux qui seront morts en croyant au Christ se relèveront les premiers ; ensuite, nous qui serons encore en vie à ce moment-là, nous serons enlevés avec eux au travers des nuages pour rencontrer le Seigneur dans les airs. Et ainsi nous serons toujours avec le Seigneur.

Réconfortez-vous donc les uns les autres par ces paroles. 1 Thessaloniciens 4.16

Celui qui atteste ces choses dit: Oui, je viens bientôt. Amen! Viens, Seigneur Jésus!

Que la grâce du Seigneur Jésus soit avec tous! Apocalypse 22.20

Apocalypse 14

Trois visions révèlent trois situations précédant la description des fléaux par lesquels la colère de Dieu s'accomplit. (Apoc15.1)

1 – La vision des 144 000

C'est le rappel du nombres d'hommes de chacune des 12 tribus d'Israël, cités au chapitre 7.

Ce sont des Israélites choisis par Dieu, marqués de son sceau, entièrement soumis à sa volonté, consacrés au service de l'Agneau. Apoc 14.4 (Comme les 12 premiers disciples, qui suivent leur maître partout où il va.)

Leur qualité spirituelle et morale est exceptionnelle.

Ils sont qualifiés de « prémices » (premiers fruits d'une moisson) avant la récolte finale. Le fait qu'ils font partie des 12 tribus, signifie qu'ils préfigurent l'avenir de tout Israël, selon Romains.11.12,26

Ils sont montrés à Jean sur la montagne de Sion : Jérusalem.

Ils chantent un cantique céleste, inconnu aux autres. Ils reçoivent un secours divin.

Ce sont les rachetés de la terre,, comme en opposition aux « habitants de la terre » qui ont accepté le sceau de la bête sur leur front.

Alors que tous les autres sont au service de la bête, eux ils servent Dieu et l'Agneau. Ce sont les témoins du royaume de Dieu.

2 – La vision de trois proclamations solennelles. 14:6-13

a) L'Évangile éternel annoncé à tous les habitants de la terre.

Dieu ne renonce jamais, il ne se lasse jamais d'appeler les hommes à la repentance. Avant chacun de ses jugements, il donne toujours une occasion au pécheur pour qu'il se repente.

b) Un jugement irrémédiable qui va s'accomplir sur une ville mystérieuse qui semble à la foi religieuse et impudique. Cela rappelle les époques pendant lesquelles Israël se tournait vers les idoles et les abominations des nations. Alors les jugements de Dieu étaient terribles.

c) L'annonce d'un jugement éternel, pour ceux qui ne se repentent pas…Si quelqu'un…

Un tourment dans le feu et le soufre, qui monte aux siècles des siècles, dont le souvenir et le spectacle demeure.

Apoc.14.12/13 Ouvre une parenthèse avec des paroles d'encouragement et d'avertissement à ceux qui persévèrent dans l'obéissance envers Dieu et dans la foi au Seigneur Jésus.

Une réalité qu'il est bon de garder à l'esprit : Ceux qui meurent dans le Seigneur vont avec le Seigneur. Philippiens 1.23

Ils entrent dans le repos et l'attente de la résurrection. 1 Thess.3.13. C'est une attestation solennelle du Saint-Esprit.

3 – *La vision de la moisson et des vendanges 14:17-20*

Cette vision nous remet en mémoire les avertissements du Seigneur Jésus lui-même, lorsque qu'il parle

 - de ceux qui ressuscitent pour la vie éternelle et d'autres pour le jugement. Jean 5.28/29

 - de l'ivraie et du blé. Matthieu 13.30 et 13.36/43

Certains entreront dans la joie de leur maître, moissonnés pour le ciel. Les autres seront jetés dans l'étang ardent de feu et de soufre préparé pour le diable et ses anges. Matt.25.41

Cependant dans notre texte, Apoc.14.17 à 20, il est surtout question de cette moisson pour l'enlèvement des élus du Seigneur sur les nuées, tandis que le monde restant sur la terre subira les affres des jugements divins annoncés dans l'Apocalypse .

La manifestation de la colère de Dieu

Les coupes de la colère de Dieu

Les chapitres 15 et 16 révèlent les fléaux qui vont venir sur un monde d'impie et de pécheurs. Nous aurions tort, a cause d'un sentimentalisme tout à fait humain, de mésestimer les avertissements de Dieu et de vouloir ignorer que notre Dieu est aussi un feu dévorant, entre les mains duquel il est terrible de tomber.

Le fait que Dieu dans sa patience, laisse du temps pour se repentir, ne veut surtout pas dire qu'il laisse le péché impuni. Toute la Bible nous affirme le contraire.

Le salut de Dieu est trop grand et trop sublime, pour que les hommes le méprise impunément.

Lectures : Jude 5 à 11,15 – 2 Pierre 2.5 et 3.7; 2 Thess. 1:6-10

Sept anges, sept fléaux

Alors je vis dans le ciel un autre signe, grand et étonnant ; sept anges qui tenaient sept fléaux, les derniers, car c'est par eux que s'accomplit la colère de Dieu. Apocalypse 15:1

Une grande vision, Un signe grand et admirable. Sept anges, qui tiennent sept fléaux. Il leur a été donné le pouvoir d'exécuter ses fléaux. Ils se tiennent dans le ciel, prêt a accomplir les ordres divins.

Les anges sont des esprits au service de Dieu. Il leur donne ses ordres et ils les exécutent rapidement. Il est question de l'ange qui vient vers Daniel d'un vol rapide. Ils ne diffèrent pas dans l'obéissance à Dieu. Ils sont puissants en force nous dit le psalmiste.

Ces fléaux sont les derniers, car par eux s'accomplit la colère de Dieu. S'accomplir, c'est à dire qui arrive au point final.

Les signes de Dieu sont autant de manifestations de sa puissance et de sa gloire afin d'avertir de façon évidente ceux à qui ils veut faire entendre et comprendre ses paroles.

Jean voit une mer de verre, mêlée de feu.

Dans les prophéties, la mer représente en général les nations, les peuples de la terre, toujours agités, en mouvement. Le feu mélangé à l'eau est le signe des jugements divins qui atteignent les nations.   Apoc 15.4

Les vainqueurs debout sur la mer désignent ceux qui ont triomphé par leur foi en Christ et leur fidélité. Ce sont les réchappés des nations, Ils chantent en l'honneur de Dieu et proclament sa souveraineté et son règne.

Après cette vision, Jean regarde à nouveau et voit dans le ciel "le temple du tabernacle du témoignage" ouvert.

Déjà au chapitre 11:19, il est question du temple de Dieu ouvert, dans le ciel, avec l'arche d'alliance qui apparaît dans son temple.

L'arche d'alliance est appelée "l'arche du témoignage" placée dans le lieu très saint du Tabernacle où Dieu et Moïse se rencontraient.

> *Exode 25:22 C'est là que je me rencontrerai avec toi; du haut du propitiatoire, entre les deux chérubins placés sur l'arche du témoignage, je te donnerai tous mes ordres pour les enfants d'Israël.*

Si l'on se reporte à la signification de l'arche d'alliance dans l'Ancien Testament, elle était le symbole de la présence de Dieu et renfermait les tables de la loi, de la manne et la verge d'Aaron, un ensemble de choses qui représentent : La Parole de Dieu, le Pain du ciel, Le Sacerdoce. Trois éléments de la nature de Christ.

Le temple est ouvert, le lieu très saint où Dieu a sa demeure se révèle, où l'Eternel siège sur son trône. C'est là que sa gloire et sa puissance se manifestent dans leur plénitude. 15.8

Il est significatif que c'est de ce lieu glorieux que sortent les sept anges tenant les sept coupes de la colère de Dieu. C'est une décision terrible que Dieu a prise en fonction de sa propre volonté, après que tout appel vers un monde impie ait échoué.

Sept coupes pleines de la colère de Dieu

Remarquons leur nombre : 7, c'est le chiffre de la perfection de Dieu. Sa colère est sainte et juste, exempte de toute impatience, malveillance ou méchanceté. Nous avons du mal à le comprendre, nous qui sommes si prompts à nous enflammer « d'une sainte colère » !

Des coupes pleines. C'est l'image du temps qu'il a fallu pour que le vase de Dieu déborde et aussi de l'ampleur de l'iniquité du monde. Il est dit de Sodome et Gomorrhe, que leur péché est énorme et que le cri contre elles avait atteint le ciel. Genèse 18.20 et 19.13

Les sept fléaux sont décrit au chapitre 16:1-21

- Un ulcère malin et douloureux qui frappent les hommes,

- La mer entièrement empoisonnée

- Les eaux de la terre corrompues, un jugement comme une réponse à la persécution du monde incrédule et méchant contre les chrétiens.

- Le soleil devient l'ennemi des hommes impies et blasphémateurs,

- Le royaume de la bête livré aux tourments et a la confusion des ténèbres, réservés au diable et à ses anges.

- Une puissance de mensonge et de séduction envahit la terre entière, qui fait perdre aux hommes tout reste de bons sens et d'intelligence. Les humains sont entièrement livrés aux maléfices, à l'occultiste et au spiritisme. Sous le contrôle complet des esprits démoniaques, ils vont se laisser entraîner vers un ultime combat contre Dieu et contre son Oint.. vts 12/15

A ce moment de la révélation, le Seigneur donne une parole à la fois d'avertissement et d'encouragement :

> *Voici, je viens comme un voleur. Heureux celui qui veille, et qui garde ses vêtements, afin qu'il ne marche pas nu et qu'on ne voie pas sa honte! Apocalypse 16:15*

Ceux qui lisent ou entendent les paroles du livre de l'Apocalypse, découvrent aussi les avertissements ou les encouragements que Dieu adresse à ceux qui croient en Lui et en Christ.

La septième coupe renferme un jugement qui va atteindre toute la terre en même temps par un bouleversement cosmique unique dans l'histoire du monde :

> *Et il y eut des éclairs, des voix, des tonnerres, et un grand tremblement de terre, tel qu'il n'y avait jamais eu depuis que l'homme est sur la terre, un aussi grand tremblement. 16:18*

> *La grande ville fut divisée en trois parties. Les villes des nations tombèrent, et Dieu se souvint de Babylone la Grande, pour lui donner la coupe du vin de sa colère ardente.*

> *Et toutes les îles s'enfuirent, et les montagnes ne furent pas retrouvées. 16:20*

> *Et une grosse grêle, dont les grêlons pesaient un talent, tomba du ciel sur les hommes; et les hommes blasphémèrent Dieu, à cause du fléau de la grêle, parce que ce fléau était très grand. 16:21*

Nous arrivons aux chapitres 17 et 18 de l'Apocalypse dans lesquels Jean décrit une autre vision, celle d'une grande ville dont l'existence est étroitement liée au royaume de l'antéchrist et du faux prophète, qui va être détruite par les jugements de la colère divine. Elle est appelée Babylone la grande prostituée 16.19

Le jugement d'une capitale.

La première Babylone fut édifiée par Nemrod, un descendant de Caïn : Bab-II ce qui veut dire "porte des cieux". Les hommes voulaient en faire une citadelle religieuse où l'homme serait déifié = monterait jusqu'au ciel et prendrait la place de Dieu en se faisant un nom éternel. Mais Dieu intervint et Bab-II devint "Bal-Al" ce qui veut dire "confusion".

Des siècles plus tard le roi Nébucadnetsar voulut lui aussi s'ériger en Dieu en contemplant sa réalisation grandiose : la Babylone des Chaldéens. Daniel, Chapitre . 2, 3 et 4 …

D'autres empires, ont au cours des siècles voulut déifier leurs souverains : César et l'empire romain, entre autres.

Plus près de nous, des rois et des dictateurs se sont comporté en souverains despotes à la limite de la déification.

Il existe une Babylone édifiée sur le site archéologique de la Babylone des chaldéens, elle se situe à une centaine de kilomètres en dessous de Bagdad. Elle a été reconstruite par Saddam Hussein, d'une manière symbolique, mais n'a plus d'influence politique ou religieuse.

On remarque que ces "Babylones" ont été l'œuvre de dictateurs ambitieux qui ont voulu inscrire leurs noms au panthéon de l'hisoire du monde, comme des personnages impérissables, certains allant jusqu'à la déification de leur personnage.

Donc, le principe spirituel représenté par "Babylone" subsiste à travers l'histoire des hommes et ressurgit à des moments cruciaux où l'on place sur un trône comme souverain suprême un homme au travers duquel est incarné le pouvoir spirituel ou politique et parfois les deux. En montrant la collusion entre la Babylone de l'Apocalypse et les rois et les puissants de la terre se livrant avec elle à la débauche, l'apôtre Jean dénonce le principe spirituel qui est une constante de "la Babylone de tous les temps", à savoir la collusion du pouvoir politique et du pouvoir religieux.

Le nom de Babylone est synonyme d'orgueil, d'ambition démesurée, de confusion (Babel), de souillure, d'adultère spirituel.

La Babylone de l'apocalypse est présentée comme le centre d'un système politico-religieux, une institution édifiée en religion universelle associée au pouvoir politique et économique du royaume de l'antéchrist décrit au chapitre 13, dont elle est le support et l'agent séducteur (recruteur).

Elle séduit les nations, les chefs politiques et militaires, les puissances économiques qui en tirent leur prospérité.

Jean la vit comme une grande prostituée assise sur des grandes eaux.

Cette organisation exerce son pouvoir spirituel incontestable sur "des peuples, des foules, des nations et des langues", leur imposant sa philosophie religieuse corrompue.

L'heure approche où un système syncrétique, à la fois mystique et agnostique rencontrera l'adhésion de tous. Une sorte d'amalgame d'idéologies et de concepts spirituels, qui se présentera sous la forme d'une religion universelle sans contrainte qui remportera tous les suffrages…Apoc.13.11 à 17.

La Babylone de l'apocalypse est présenté comme "la supra anti-église", qui veut prendre la place de la vraie église, l'épouse de l'agneau, la ville sainte, la Jérusalem céleste.

Babylone, la grande prostituée, la mère des impudiques et des abominations de la terre, apparaît sous l'aspect d'une ville flattant l'orgueil de l'antéchrist :

· la grande ville. Apoc. 18.10,18,21

· la ville puissante, 18.10

· la ville opulente, monopole du commerce et de la finance internationale. 18.3,7,9/19

· La ville corrompue ou règne la débauche. 18.3,5

· La ville où Satan à son trône, où les démons se plaisent.18.2

C'est la ville qui réunit en son sein de nombreux pouvoirs occultes

· Un pouvoir de séduction. Apoc.18.23

· Un pouvoir de corruption. Apoc.17.2

· Un pouvoir satanique. Apoc. 17.3

· L'apothéose de l'abomination. "la mère des prostituées" 17.4/5

· Un pouvoir de persécution. La plus grande persécutrice de l'histoire du christianisme.17.6

· Un pouvoir politique universel (elle est assise sur les grandes eaux, elle règne sur les nations). Apoc.17.9/13

· Un pouvoir économique. 18.9/19

· La capitale du monde. Apoc.17.18

Sa fin est aussi mystérieuse que son apparition :

· Son jugement est soudain et définitif. 18.10

· La révolte incompréhensible des dix royaumes. 17.16

· La destruction terrible et totale décidée par Dieu lui-même. .17.17

· L'anéantissement, jusqu'au souvenir…18.26

Réflexions

· Le jugement de Dieu s'exerce à un moment où le péché n'est plus supportable. 18.5

· Les avertissements de Dieu sont à prendre en considération. 18.4

· Ses jugements sont justes. Ils réjouissent les justes et glorifient Dieu.18.20 et 19.1/10

> *Après ces terribles visions du règne de l'antéchrist et des jugements de Dieu sur un monde asservi à Satan, l'apôtre Jean va se tourner avec soulagement vers d'autres révélations qui vont le remplir d'espérance. (Oui décidément ce petit livre qu'il a dû avaler a été amer à ses entrailles.)*
>
> *Il entend alors les éclats d'une manifestation de triomphe, d'adoration, d'acclamation, d'acquiescement et de louanges envers le Dieu saint, juste et véritable, remplit le ciel :*

> *Après cela, j'entendis dans le ciel comme une voix forte d'une foule nombreuse qui disait: Alléluia! Le salut, la gloire, et la puissance sont à notre Dieu, parce que ses jugements sont véritables et justes; car il a jugé la grande prostituée qui corrompait la terre par son impudicité, et il a vengé le sang de ses serviteurs en le redemandant de sa main.*
>
> *Et ils dirent une seconde fois: Alléluia! ...et sa fumée monte aux siècles des siècles.*
>
> *Et les vingt-quatre vieillards et les quatre êtres vivants se prosternèrent et adorèrent Dieu assis sur le trône, en disant: Amen! Alléluia!*
>
> *Et une voix sortit du trône, disant: Louez notre Dieu, vous tous ses serviteurs, vous qui le craignez, petits et grands!*
>
> *Et j'entendis comme une voix d'une foule nombreuse, comme un bruit de grosses eaux, et comme un bruit de forts tonnerres, disant: Alléluia! Car le Seigneur notre Dieu tout-puissant est entré dans son règne.*
>
> *Réjouissons-nous et soyons dans l'allégresse, et donnons-lui gloire; car les noces de l'agneau sont venues, et son épouse s'est préparée, et il lui a été donné de se revêtir d'un fin lin, éclatant, pur. Car le fin lin, ce sont les œuvres justes des saints. Apocalypse 19.1/8*

Comme entre parenthèses au milieu de toutes ces visions des paroles d'encouragements s'adressent à ceux qui ont cru en Christ : *Et l'ange me dit: Ecris: Heureux ceux qui sont appelés au festin de noces de l'agneau! Et il me dit: Ces paroles sont les véritables paroles de Dieu. Apocalypse 19:9*

Puis aux yeux de l'apôtre le ciel s'ouvre sur une scène majestueuse et impressionnante :

> *Puis je vis le ciel ouvert, et voici, parut un cheval blanc. Celui qui le montait s'appelle Fidèle et Véritable, et il juge et combat avec justice.*
>
> *Ses yeux étaient comme une flamme de feu; sur sa tête étaient plusieurs diadèmes; il avait un nom écrit, que personne ne connaît, si ce n'est lui-même; et il était revêtu d'un vêtement teint de sang. Son nom est la Parole de Dieu.*
>
> *Les armées qui sont dans le ciel le suivaient sur des chevaux blancs, revêtues d'un fin lin, blanc, pur.*

De sa bouche sortait une épée aiguë, pour frapper les nations; il les paîtra avec une verge de fer; et il foulera la cuve du vin de l'ardente colère du Dieu tout-puissant.

Il avait sur son vêtement et sur sa cuisse un nom écrit: Roi des rois et Seigneur des seigneurs. Apocalypse 19.11/16

Une apparition glorieuse se dresse devant Jean : Celui qui s'appelle fidèle et véritable, dont le nom est « la Parole de Dieu », qui est le Roi des rois et le Seigneur des seigneurs, le Fils de Dieu, arrive majestueux, pour le temps des échéances divines.

La chute et la destruction de Babylone marque la fin du règne de l'antéchrist et du faux prophète, et l'ouverture d'une ère nouvelle : Le règne de christ sur la terre.

Voici le Roi des rois et le Seigneur des seigneurs.

· Celui dont les yeux sont comme une flamme de feu, celui qui sonde les profondeurs du cœur et des reins, la réalité de nos sentiments et de nos forces…Apoc.2.18

· Celui a qui appartient le règne et l'autorité sur les rois et les puissants de la terre. Sa tête est couronnée de tous les diadèmes.

· Son nom personnel dans ses relations avec le Père est secret, Apoc.19.12, il est merveilleux et dépasse toute connaissance humaine. Juges 13.18 – Genèse 32.29

· Ses noms révélés indiquent sa majesté et son autorité : La Parole de Dieu, le Roi des rois, le Seigneur des seigneurs.

· Un vêtement teint de sang, révèle qu'il est l'exécuteur des jugement divins. Celui qui foule au pressoir, sans l'aide de personne. Esaïe 53.1/3 – Apoc.14.20

· La Parole de Dieu qui sauve est aussi celle qui juge. Jean 12.48

Il vient avec ses saints : L'Eglise fidèle, l'épouse de l'Agneau est avec lui.

· Elle est reine . Psaume 45.10

· Elle partage son règne et sa gloire. Apocalypse 19.14

· Cantique des cantiques. 6.10

· Elle juge avec son souverain Maître. 1 Cor.6.3

Les armées qui sont dans le ciel le suivent

Non seulement l'armée de ses rachetés vêtus de fin lin blanc et pur,(Apoc.2.26/27) mais aussi :

· les anges des cieux. Matthieu 13.41 – Apoc12.7

· Les saints de l'ancienne alliance. Daniel 7.18,22 – Zacharie 14.5

· Les martyrs. Apoc.19.8

Jésus revient sur la Terre

Dès le début de la nouvelle vision céleste de l'apôtre, les choses sont précisées : Le Fils de Dieu vient en triomphateur mettre fin au règne de l'abomination de l'antéchrist et établir un royaume nouveau sur la terre, à l'issue d'une bataille gigantesque et décisive, contre les armées des nations réunies contre l'Agneau, sous l'égide de la bête et du faux prophète.

> *Je vis la bête, les rois de la terre et leurs armées, rassemblés pour faire la guerre à celui qui monte le cheval et à son armée.*
>
> *La bête fut prise, et avec elle le prophète de mensonge qui avait produit devant elle les signes par lesquels il avait égaré ceux qui avaient reçu la marque de la bête et qui se prosternaient devant son image. Tous deux furent jetés vivants dans l'étang de feu où brûle le soufre.*
>
> *Les autres furent tués par l'épée qui sortait de la bouche de celui qui montait le cheval, et tous les oiseaux se rassasièrent de leurs chairs.*
>
> *Alors je vis descendre du ciel un ange qui tenait la clef de l'abîme et une grande chaîne à la main.*
>
> *Il saisit le dragon, le serpent d'autrefois, qui est le diable et le Satan, et il le lia pour mille ans.*
>
> *Il le jeta dans l'abîme, qu'il ferma et scella au-dessus de lui, pour qu'il n'égare plus les nations jusqu'à ce que les mille ans soient achevés. Apocalypse 19.19*

Après cette victoire et l'élimination des deux instruments de Satan, le diable ayant été lui-même emprisonné pour mille ans, Jésus va établir sur la terre le règne de Dieu :

· Il proclame Jérusalem comme capitale de son royaume et la nation d'Israël comme phare des nations. Zacharie 14.8/11 – Esaïe 65.19

· Il établit ses élus comme gouverneurs, ils règneront avec lui. Apoc.5.9/10 – 2O.4/5 – Luc 19.16/18

La condition des élus ressuscités sera semblable à celle de Christ ressuscité lorsqu'il apparaissait à ses disciples entre sa résurrection et son ascension. Retenons un avertissement important : *Heureux et saints ceux qui ont part à la première résurrection! La seconde mort n'a point de pouvoir sur eux; mais ils seront sacrificateurs de Dieu et de Christ, et ils règneront avec lui pendant mille ans. Apocalypse 20:6*

Le millénium

Le millénium, c'est le royaume de Christ sur la terre durant un temps fixé par Dieu pendant lequel il va manifester au monde entier, sur toute la surface de la terre son royaume sous l'autorité de son Fils, le Seigneur Jésus-Christ.

> *Il saisit le dragon, le serpent ancien, qui est le diable et Satan, et il le lia pour mille ans. Il le jeta dans l'abîme, ferma et scella l'entrée au-dessus de lui, afin qu'il ne séduisît plus les nations, jusqu'à ce que les mille ans fussent accomplis. Après cela, il faut qu'il soit délié pour un peu de temps.*
>
> *Et je vis des trônes; et à ceux qui s'y assirent fut donné le pouvoir de juger. Et je vis les âmes de ceux qui avaient été décapités à cause du témoignage de Jésus et à cause de la parole de Dieu, et de ceux qui n'avaient pas adoré la bête ni son image, et qui n'avaient pas reçu la marque sur leur front et sur leur main. Ils revinrent à la vie, et ils régnèrent avec Christ pendant mille ans.*
>
> *Les autres morts ne revinrent point à la vie jusqu'à ce que les mille ans fussent accomplis. C'est la première résurrection.*
>
> *Heureux et saints ceux qui ont part à la première résurrection! La seconde mort n'a point de pouvoir sur eux; mais ils seront sacrificateurs de Dieu et de Christ, et ils régneront avec lui pendant mille ans. Apocalypse 20:2 à 7*

Entre la fin du royaume de l'antéchrist et la fin du monde, du jugement dernier et de la nouvelle création, il y aura sur cette terre un temps où le Christ règnera avec ses rachetés.

Voici ce que sera ce règne ou les caractéristiques du millénium.

· Satan est lié et empêché de séduire les nations. Apoc. 20.1-3

· Un jugement détermine quels seront les sujets du royaume (Apoc. 4 - cf. Mt. 25.31-34).

· Ceux qui ont eu part à la 1re résurrection (les "juges" et les martyrs de la tribulation) règnent avec le Seigneur. Apoc. 20.4, 6; 2.26-27; Da 7.27 (cf. 1 Cor. 6.2-3).

· La paix enfin est établie ici-bas. Esaïe 2.2-4; 9.5-6 avec la justice et l'égalité (11.1-9).

· La présence du Seigneur est glorieusement manifestée (Es.11.10 - 24.21/23).

· Les sujets du royaume connaissent une grande longévité et une immense prospérité (Es. 65.18-25).

· Le Seigneur gouverne avec une verge de fer: il ne tolère plus le mal et le pécheur invétéré meurt, frappé de malédiction (Es.11.4; 65.20).

· Les Juifs convertis deviennent les missionnaires de la terre entière (Es.66.18-20).

Combien de temps le millénium durera-t-il ?

Mille ans, un nombre six fois répété dans l'Apocalypse, désigne le temps où le Christ va régner sur cette terre. 20.2,3,4,5,6,7

Il est certainement imprudent de donner à ces mille ans la durée du temps tel que nous le calculons.

La signification symbolique du chiffre mille dans la Bible correspond à "beaucoup", un grand nombre = mille milliers le servaient et dix mille millions se tenaient en sa présence. Daniel 7.10

Ces mille ans sont une période déterminée par Celui aux yeux de qui un jour est comme mille ans et mille ans sont comme un jour, comme le jour d'hier quand il n'est plus.

> *Il est une chose, bien-aimés, que vous ne devez pas ignorer, c'est que, devant le Seigneur, un jour est comme mille ans, et mille ans sont comme un jour. 2 Pierre 3:8*

Nous nous contentons de savoir que le temps pendant lequel notre Seigneur Jésus-Christ régnera sur la terre, sera un règne glorieux, de paix, de justice : Le règne de Dieu parmi les hommes.

Quand les mille ans seront accomplis

Quand les mille ans seront accomplis, Satan sera relâché de sa prison. Et il sortira pour séduire les nations qui sont aux quatre coins de la terre, Gog et Magog, afin de les rassembler pour la guerre; leur nombre est comme le sable de la mer.
Et ils montèrent sur la surface de la terre, et ils investirent le camp des saints et la ville bien-aimée. Mais un feu descendit du ciel, et les dévora. Apocalypse 20.7

C'est la dernière partie de l'histoire de notre monde sous sa forme actuelle. Deux événements restent à venir :

· L'ultime grande bataille inspirée par Satan, contre le royaume de Dieu et contre la souveraineté du Seigneur Jésus-Christ.

· Le jugement dernier

La fin du millénium est étonnante. Satan sera relâché de sa prison. Apocalypse 20:7

Il faut...que Satan soit relâché de sa prison...pour un peu de temps. Apocalypse 20.3

Ce "Il faut" nous fait comprendre qu'il y a un passage obligé pour le monde qui ne supportera plus le règne du Seigneur Jésus-Christ.

Même bref, ce temps peut nous paraître encore trop long. Pourquoi "faut-il" que Satan soit relâché et délié, libre à nouveau d'accomplir son œuvre malfaisante. Apoc. 20.3, 7-9

Nous devons reconnaître qu'il y a des choses cachées que Dieu dans sa sagesse n'a pas trouvé bon de nous révéler, soit parce que nous ne les comprendrions pas, soit parce que nous ne pouvons pas porter le poids de certaines révélations. Un jour nous connaîtrons comme nous avons été connus, lorsque ce qui est parfait sera venu. Mais pour l'instant nous marchons par la foi dans un Dieu digne de confiance.

Satan sortira pour séduire les nations qui sont aux quatre coins de la terre, Gog et Magog, afin de les rassembler pour la guerre; leur nombre est comme le sable de la mer.

Satan est un être irrémédiablement corrompu, qui depuis sa révolte contre Dieu, s'efforce par tous les moyens de détruire l'œuvre de Dieu et d'empêcher l'accomplissement des desseins divins.

La séduction est son arme préférée et elle est redoutable. Il a séduit Ève par sa ruse. Il a tenté le Seigneur Jésus lui-même. Il voudrait entraîner les élus dans la confusion et le mensonge. Ses moyens de séduction sont nombreux et variés. Eph.4.14...

Une parole de l'apôtre Paul peut nous éclairer.

Les séductions de l'iniquité entraînent ceux qui n'aiment pas la vérité. Aussi Dieu leur envoie une puissance d'égarement, pour qu'ils croient au mensonge, afin que tous ceux qui n'ont pas cru à la vérité, mais qui ont pris plaisir à l'injustice, soient condamnés.   2 Thessaloniciens 2. 10

Le péché exerce son pouvoir sur ceux qui ne sont pas soumis volontairement à Christ. Or pendant le millénium, le Seigneur règnera sur les nations avec une verge de fer, c'est à dire une autorité absolue à laquelle toute créature sera obligée de se soumettre.

Aussi lorsque Satan réapparaîtra le monde sera prêt à le suivre pour se révolter contre le Roi divin.

Dans sa ruse dans ses moyens de séduction, Satan fera certainement miroiter aux yeux des hommes les avantages qu'ils pourront retirer de leur liberté retrouvée...

Nous avons deux exemples frappants du genre de séduction que le diable utilise : Genèse 3 et Matthieu 4...

Il met en évidence des arguments flatteurs, mais il a bien soin de cacher les inconvénients. C'est un menteur.

De plus toute créature est placée nécessairement devant la possibilité de choisir librement de servir le Seigneur ou non en toute connaissance de cause. Les anges eux-mêmes se sont trouvés devant un choix.

Le retour de Satan est l'occasion donné au monde, qui a vécu cette longue période sous l'autorité incontestable de Christ, de se décider librement pour ou contre Dieu, comme toutes les créatures, humaines et célestes, qui ont été avant eux, placées devant ce choix.

La tentation, sous toutes ses formes, fait partie des épreuves nécessaires au libre choix de chacun, ainsi qu'à l'affermissement et au perfectionnement des enfants de Dieu.

Gog et Magog. L'ennemi du Nord. Ézéchiel 37 - 38 - 39

Situé au septentrion, très au nord du pays d'Israël ce peuple a toujours été une menace Israël dont il voulait la destruction totale. Jean se sert de cette image pour iindiquer l'état d'esprit dans lequel seront tous les peuples qui des quatre coins de la terre viendront pour détruire le royaume de Dieu et son Roi.

Les auteurs des écrits bibliques sont en général d'origine juive et que leur description des événements se situe en fonction de la situation géographique d'Israël par rapport aux autre nations et Jean au moment de la révélation s'est souvenu d'une autre prophétie annoncée par le prophète Ezéchiel :

> *1. C'est pourquoi prophétise, fils de l'homme, et dis à Gog: Ainsi parle le Seigneur, l'Eternel: Oui, le jour où mon peuple d'Israël vivra en sécurité, Tu le sauras.*
>
> *2. Alors tu partiras de ton pays, des extrémités du septentrion, Toi et de nombreux peuples avec toi, Tous montés sur des chevaux, Une grande multitude, une armée puissante. Ezéchiel 38.14*

C'est donc le moment ou des armées de nombreux peuples inspirés par Satan investiront le camp des saints pour le détruire. Cependant, Dieu n'est pas absent des projets des peuples, même lorsqu'ils sont inspirés par de mauvais sentiments : *Dieu a tout fait pour un but, même le méchant pour le jour du malheur". Prov.16.4*

> *3. Et ils montèrent sur la surface de la terre, et ils investirent le camp des saints et la ville bien-aimée. Mais un feu descendit du ciel et les dévora. Apocalypse 20:9*

Il semble important de rapprocher ce passage de la prophétie de Zacharie 14:2-4

> *Je rassemblerai toutes les nations pour qu'elles attaquent Jérusalem; La ville sera prise, les maisons seront pillées, et les femmes violées; La moitié de la ville ira en captivité, Mais le reste du peuple ne sera pas exterminé de la ville.*
>
> *L'Éternel paraîtra, et il combattra ces nations, Comme il combat au jour de la bataille.*
>
> *Ses pieds se poseront en ce jour sur la montagne des oliviers, Qui est vis-à-vis de Jérusalem, du côté de l'orient; La montagne des oliviers se fendra par le milieu, à l'orient et à l'occident, Et il se formera une très grande vallée: Une moitié de la montagne reculera vers le septentrion, Et une moitié vers le midi.*

Satan va disparaitre pour toujours : Et le diable, qui les séduisait, fut jeté dans l'étang de feu et de soufre, où sont la bête et le faux prophète. Et ils seront tourmentés jour et nuit, aux siècles des siècles.

Après cette démonstration de la puissance et de la souveraineté du Seigneur dans l'accomplissement de ses desseins, la terre et les cieux actuels disparaîtront pour faire place à une nouvelle création, un royaume qui ne sera jamais détruit.

Le grand trône blanc

Puis je vis un grand trône blanc et celui qui est assis dessus. 20:11

Nous sommes arrivés au dernier chapitre de l'histoire de notre monde. Après sa dernière tentative de prendre le pouvoir, Satan vaincu est jeté dans l'étang de feu et de souffre qui a été préparé pour lui et ses anges.

C'est maintenant l'heure du jugement dernier, l'épreuve finale où tout être humain va comparaître devant celui qui ne fait acception de personne, mais qui juge avec justice. Apoc.20:12-13

Lorsque le Fils de l'homme viendra dans la gloire avec tous ses anges, il s'assiéra sur le trône de sa gloire et toutes les nations seront assemblées devant lui. Matt;25.31

· Et je vis les morts, les grands et les petits…pas de distinction, tous comparaissent. Personne n'échappera à ce jugement.

· Des livres sont ouverts. Jugés selon leurs œuvres. Rien de caché au yeux de celui à qui nous devons rendre compte.

Un autre livre,

Celui dans lequel sont écrits les noms de ceux qui ont été rachetés par le sang de Jésus. Luc 10.20. Phil.4.3 - Apoc.3.5….Ceux là ne viennent pas en jugement. Jean 5.24

L'étang ardent de feu et de souffre.

Un châtiment éternel préparé pour le diable et ses anges. Matt.25.41 - Apoc.20.10

La bête et le faux prophète y seront jetés. Apoc.19.20

Ainsi que tous ceux dont le nom n'est pas trouvé écrit dans le livre de vie.20.15

La fin du monde

Qu'est-ce que cela veut dire ? Quand aura-t-elle lieu ?

La peur de la fin du monde est une vieille histoire. Elle a été envisagée par certains au passage des deux premiers millénaires, dans les élans mystiques ponctuels de groupuscules radicaux ou face à des catastrophes majeures. A chaque instant des "visionnaires" nous font part de leur théories toutes plus farfelues les unes que les autres.

Beaucoup de personnes se posent des questions au sujet de l'avenir de notre planète, qui cause pas mal de soucis et d'inquiétude à ceux qui se penchent sur sa santé.

Chaque jour on nous avertit sur la dégradation des écosystèmes, la pollution des mers, des fleuves, des rivières et des sources d'eau, des nappes phréatiques. Il est aussi quotidiennement question du réchauffement de la planète, de la fonte des glaciers, de l'élévation du niveau des mers. La fréquence des catastrophes qui secouent la terre et le déchaînement des éléments météorologiques, ne cesse d'augmenter. C'est comme si les lois naturelles qui régissent l'équilibre de notre univers se déréglaient.

De plus les nations possèdent un potentiel de destruction énorme dans leurs réserves d'armes et de produits nucléaires.

Oui, nous pouvons et devons réfléchir à ce qui n'est plus une éventualité, mais un événement réel qui va se produire à un moment déterminé.

La question est : Quand et Comment ?

Déjà les premiers disciples du Seigneur s'interrogeaient sur le temps que le monde durerait et quels seraient les signes qui avertiraient de sa fin.

> *Matthieu 24:3 Il s'assit sur la montagne des oliviers. Et les disciples vinrent en particulier lui faire cette question: Dis-nous, quand cela arrivera-t-il, et quel sera le signe de ton avènement et de la fin du monde?*

La question des disciples contient deux sujets : l'avènement du Seigneur et la fin du monde. Ce sont deux événements qui sont différents et ne se produiront as en même temps. J'ai placé sur le site pasteurweb une série d'articles sur le **"Retour du Seigneur Jésus-Christ"** qui précisent bien la chronologie des événement de la fin des temps.Dans les lignes qui suivent vos trouverez des précisions en ce qui concerne la fin du monde.

Il y aura une fin du monde et aussi des signes qui l'annoncent. Il nous faut à la fois croire et être attentifs.

Certains n'y croient pas, quoique la dégradation de notre planète terre et de ce qui l'environne fait réfléchir quelques uns. Il y a aussi des moqueurs qui disent que depuis le temps qu'on en parle rien ne se passe. Enfin il y a ceux qui symbolisent les passages qui la concernent, donnant des interprétations très personnelles aux textes, comme "il s'agit de la fin de l'âge" et non de la disparition de la terre et des cieux.

Cependant pour les croyants, ceux qui écoutent et acceptent les enseignements de Dieu, contenus dans sa Parole écrite et inspirée, la Bible, le fait est certain : il y aura une fin pour ce monde, comme le dit Jésus lui-même : Le ciel et la terre passeront, mais mes paroles ne passeront point. Matthieu 24:35

La version Parole de Vie traduit : *"Le ciel et la terre disparaîtront, mes paroles ne disparaîtront jamais."*

"Le ciel et la terre disparaitront"

Les éléments naturels, la matière qui fait notre univers, ce qui est visible va disparaître. Car les choses visibles sont passagères, et les invisibles sont éternelles. 2 Corinthiens 4:18

Comment ?

Il existe plusieurs théories sur la disparition éventuelle de l'univers et de la terre. Les scientifiques émettent différents scénarios. Il est question d'un embrasement général, ou d'une collision de météorites ou même de planètes, notre système solaire se déréglant, ou encore tout simplement d'une guerre atomique détruisant le monde.

Si les scientifiques ou les philosophes émettent différents hypothèses, nous trouvons une meilleure réponse dans les Ecritures inspirées de Dieu, la Bible.

Déjà dans l'Ancien Testament il est fait mention à plusieurs reprises de la destruction de la terre, la parole d'Esaïe le prophète a certainement inspiré l'apôtre Pierre lorsqu'il décrit la destruction des éléments de notre univers.

Levez les yeux vers le ciel, et regardez en bas sur la terre! Car les cieux s'évanouiront comme une fumée, La terre tombera en lambeaux comme un vêtement, Et ses habitants périront comme des mouches; Mais mon salut durera éternellement, Et ma justice n'aura point de fin. Esaïe 51:6

Voici ce qu'affirme clairement l'apôtre Pierre, inspiré par le Saint-Esprit.

> *Le jour du Seigneur viendra comme un voleur; en ce jour, les cieux passeront avec fracas, les éléments embrasés se dissoudront, et la terre avec les œuvres qu'elle renferme sera consumée. 2 Pierre 3:10*

"les cieux passeront avec fracas, les éléments embrasés se dissoudront". Nous pouvons nous faire une idée assez précise de ce qui va se passer en lisant les paroles de Pierre : Un embrasement de la terre et des cieux dans lequel les éléments se fondront !

Lorsque nous visitons une fonderie, nous voyons très bien la façon dont se dissout, se fond, un métal embrasé dans une fournaise et nous comprenons mieux comment les cieux et la terre vont cesser d'exister. Le prophète Esaïe dit qu'ils s'évanouiront comme une fumée.

Jean a eu la vision de ce qui se produit : Alors je vis un grand trône blanc et celui qui y était assis. La terre et le ciel s'enfuirent devant lui, et il ne se trouva plus de place pour eux. Apocalypse 20:11

L'apôtre Jean annonce la disparition complète de notre planète et de son environnement céleste, puis il voit apparaître un nouveau ciel et une nouvelle terre; car le premier ciel et la première terre avaient disparu, et la mer n'était plus. Apocalypse 21:1

Ces paroles de la Bible sont sans équivoque et annoncent bien la disparition totale du monde visible créé pour un temps.

> *Gardez-vous de refuser d'entendre celui qui parle; car si ceux-là n'ont pas échappé qui refusèrent d'entendre celui qui publiait les oracles sur la terre, combien moins échapperons-nous, si nous nous détournons de celui qui parle du haut des cieux, lui, dont la voix alors ébranla la terre, et qui maintenant a fait cette promesse: Une fois encore j'ébranlerai non seulement la terre, mais aussi le ciel.*
>
> *Ces mots: Une fois encore, indiquent le changement des choses ébranlées, comme étant faites pour un temps, afin que les choses inébranlables subsistent. Hébreux 12.25-27*

Quand ?

Au moment du jugement dernier

> *Puis je vis un grand trône blanc, et celui qui était assis dessus. La terre et*

le ciel s'enfuirent devant sa face, et il ne fut plus trouvé de place pour eux.

Et je vis les morts, les grands et les petits, qui se tenaient devant le trône. Des livres furent ouverts. Et un autre livre fut ouvert, celui qui est le livre de vie. Et les morts furent jugés selon leurs œuvres, d'après ce qui était écrit dans ces livres.

La mer rendit les morts qui étaient en elle, la mort et le séjour des morts rendirent les morts qui étaient en eux; et chacun fut jugé selon ses œuvres. Apocalypse 20.11 ...

En lisant ce passage prophétique, nous comprenons que les habitants de la terre, qui auront survécu aux divers fléaux des coupes de la colère de Dieu, vont périr soudainement :

Car les cieux s'évanouiront comme une fumée, La terre tombera en lambeaux comme un vêtement, Et ses habitants périront comme des mouches. Esaïe 5.2

Le moment où notre univers va disparaître est précisé. Voici l'ordre dans lequel les événements vont se produire :

Premièrement la fin de la dispensation terrestre de l'Eglise, lors de son enlèvement avec le Seigneur

Ensuite le temps du règne de l'Antéchrist et de la colère de Dieu sur les nations et les habitants de la terre.

Puis, le règne terrestre pendant mille ans du Seigneur Jésus-Christ avec ses élus

Et enfin la disparition des cieux et de la terre d'à présent, le jugement dernier et la création d'un nouveau ciel et d'une nouvelle terre.

Puis je vis un nouveau ciel et une nouvelle terre; car le premier ciel et la première terre avaient disparu, et la mer n'était plus. Apocalypse 21:1

C'est notre espérance, ce que nous attendons avec foi et persévérance.

Puisque donc toutes ces choses doivent se dissoudre, quelles ne doivent pas être la sainteté de votre conduite et votre piété, tandis que vous attendez et hâtez l'avènement du jour de Dieu, à cause duquel les cieux enflammés se dissoudront et les éléments embrasés se fondront!

Mais nous attendons, selon sa promesse, de nouveaux cieux et une nouvelle

terre, où la justice habitera.

C'est pourquoi, bien-aimés, en attendant ces choses, appliquez-vous à être trouvés par lui sans tache et irrépréhensibles dans la paix. 2 Pierre 3.11 ...

Toutes choses nouvelles Apoc.21

Les premières choses ont disparu. Les cieux et la terre d'à présent ont été consumés par le feu. La mer n'est plus. Apoc.21.1 - 21.4 - 2 Pierre 3:10,11,12.

Elles ne reviendront même plus à l'esprit. Elles seront complètement oubliées. Es.66.17

Elles auront laissé la place à une nouvelle création, entièrement différente. De nouveaux cieux et une nouvelle terre, où la justice habitera. 2 Pierre 3.13

Jean écrit : Puis je vis un nouveau ciel et une nouvelle terre; car le premier ciel et la première terre avaient disparu, et la mer n'était plus. Apocalypse 21:1

La nature des matériaux qui composeront cette nouvelle création de Dieu n'est pas précisée, mais il est question d'un lieu idyllique où

· la mort ne sera plus, la souffrance, les larmes, la douleur, le deuil, n'existeront plus.

· Les pécheurs en seront exclus. 21:8,27

· Il n'y aura pas de nuit. Et il n'y aura même plus besoin de soleil, ou de lune. 21:23,24

· La présence et la gloire de Dieu et de l'Agneau y seront manifestes en permanence. 21:3,23, 24

· La justice y aura sa demeure. 2 Pierre 3.13 (Comme un état permanent du cœur)

L'Église dans la nouvelle création

Jean reçoit une vision étonnante et glorieuse de l'Église du Seigneur Jésus-Christ. Elle lui elle apparaît sous l'aspect d'une ville, qui descend du ciel, d'auprès de Dieu, revêtue de la gloire de Dieu, préparée comme une épouse qui s'est parée, ornée, tout particulièrement pour son époux. Apoc. 21. 2 et 10.

C'est l'Eglise, l'épouse, la femme de l'Agneau, la Ville "sainte". Apoc21.9

Le fait qu'elle soit présentée sous la forme d'une ville, est symbolique. Une ville c'est avant tout une agglomération de personnes qui y vivent, qui y demeurent et pas seulement un ensemble de construction, d'immeubles ou de maisons.

Dans d'autres passages du Nouveau Testament l'Eglise de Christ est présentée comme un corps, un temple, un édifice, une maison…

Il s'agit de l'assemblée ("l'ecclésia") de ceux qui sont à Jésus-Christ. Une foule innombrable de personnes de toute nation, toute tribu, tout peuple, toute langue, rachetées par le sang de l'Agneau. Apoc.7.9

La sainteté de la ville est la première chose qui apparaît dans la description que l'apôtre Jean en fait. Son aspect est éclatant, semblable à une pierre très précieuse. Une pierre de jaspe transparente comme du cristal. 21.2,10

Cela nous parle à la fois de gloire et de pureté, mais aussi d'une chose de grande valeur. Apoc.21.11; Matthieu 13.44 et 45

Elle est revêtue de la gloire de Dieu. Elle doit son éclat à la gloire dont le Seigneur la revêt.

Sa forme est particulière : un carré dont les cotés sont égaux, plutôt un cube, égal dans sa largeur, sa longueur et sa hauteur. Une figure géométrique symbole de la perfection. 12000 stades = 2500 kms

Ses dimensions sont celles que Dieu lui-même lui a données : mesurée avec la mesure divine :un roseau d'or. 21:15

Sa composition : de l'or pur : symbole de sa nouvelle nature : la nature divine, la sainteté, la pureté, la transparence. 21:2,10 ;21:18 ; 21:11

C'est l'Église de Dieu, l'épouse du Seigneur Jésus-Christ, formée d'hommes et de femmes lavés et purifiés par le Sang de Jésus et nés de nouveau, nés de Dieu.

Elle est entourée d'une grande et haute muraille. Apoc. 21.12 (144 coudées = 70 à 80 m.)

Il s'agit de la fortification de la ville, la muraille qui l'entoure et la protège, qui a pour nom : salut. Esaïe 60:18

Une muraille avec douze portes, chacune formée d'une seule perle, dont le nom est : gloire. Es.60.18.

Ses portes sont ouvertes en permanence, donnant sur les quatre points cardinaux :ouvertes à tous les peuples… Apoc.21:25.

Elle a douze fondements, nommés du nom des douze apôtres de l'Agneau. Eph.2.20 (des pierres précieuses, une pierre angulaire, principale, sur laquelle tout l'édifice repose.)

Une muraille construite en jaspe. Une pierre précieuse souvent nommée, qui par son aspect vert foncé, transparent comme du cristal, strié de veines rouges, évoque la gloire de Dieu siégeant sur le trône de sa gloire. Apoc.4.3

Ceux qui la composent sont purs.

Mais rien d'impur n'entrera dans cette ville, ni personne qui se livre à des pratiques abominables et au mensonge. Seuls entreront ceux dont le nom est inscrit dans le livre de vie, qui est celui de l'Agneau. Apocalypse 21:27 (21:7; 22:3)

Rien de souillé…Une affirmation trois fois répétées dans les ch.21 et 22 : 21.8; 21.27; 22.15

Heureux ceux qui lavent leurs robes, afin d'avoir droit à l'arbre de vie et d'entrer par les portes dans la ville. 22.14

Il y aura une union parfaite entre Dieu et les rachetés, entre Christ, l'Agneau de Dieu et son épouse. Apoc.21.22 et 22.3-5

Les nations et les rois de la terre 21:24-26

Dans ce passage, Jean écris : Les nations marcheront à sa lumière, et les rois de la terre y apporteront leur gloire. Ses portes ne se fermeront point le jour, car là il n'y aura point de nuit. On y apportera la gloire et l'honneur des nations.

Certains commentateurs supposent qu'il s'agit de tous ceux qui auront accepté le règne de Christ et pris position pour lui au cours du règne de mille ans et qui auront été justifiés par lui, échappant ainsi au jugement du grand trône blanc, les rachetés du millénium.

Le terme "les nations" est rendu dans certaines versions par le mot "les Gentils", que les juifs employaient pour désigner ceux qui n'appartenaient pas au peuple d'Israël. Jean situe ces nations dans le même esprit. Ils ne sont pas l'Eglise de Christ, mais ils vivent à sa lumière sur cette terre nouvelle où la justice habite désormais.

L'Église de Christ sera alors "la demeure de Dieu avec les hommes", leur assurant un rassasiement éternel et permanent. Apoc. 21:3,4

Jean rappelle à nouveau l'importance du message de l'ange :

> *Et il me dit: Ces paroles sont certaines et véritables; et le Seigneur, le Dieu des esprits des prophètes, a envoyé son ange pour montrer à ses serviteurs les choses qui doivent arriver bientôt.*
>
> *Et voici, je viens bientôt. -Heureux celui qui garde les paroles de la prophétie de ce livre!*

Dans les visions de la nouvelle création (nouveaux cieux et nouvelle terre) l'apôtre Jean s'attache d'avantage à décrire l'Eglise, la Ville sainte, la Nouvelle Jérusalem, l'Épouse de l'Agneau, qu'à préciser les aspects de la vie sur cette terre nouvelle.

On sait seulement que :

· la justice y habitera, il ne s'y fera aucun mal,

· le Seigneur y règnera, il y sera présent parmi les hommes. 21.3

· la gloire et la lumière de Dieu éclaireront les nations. 21.24

· il n'y aura plus de maudits, ni de malédiction. 22.3

· toutes choses y seront nouvelles. 21.5

Toute autre description détaillée de la forme de vie qui y sera manifestée serait abusive et inutile.

Les choses les plus importantes sont mises en évidence :

· Le trône de Dieu et de l'Agneau, source de toute vie et de toute gloire. 22:1,3,5

· Le fleuve d'eau de la vie, sortant du trône. L'ssprit de Dieu envoyé par toute la terre abreuve ceux qui vivent dans ce monde nouveau . Ap.22:17

· L'arbre de vie, un autre symbole de Celui qui donne la vie au monde (Jean 6:35).

Sa présence est indispensable dans le paradis de Dieu, le royaume de Dieu et dans la vie de tout croyant véritable. Il donne "la vie éternelle". Son fruit est permanent et ses feuilles persistantes guérissent, donnent la santé. Il occupe la place centrale dans l'Eglise, C'est lui que l'on voit en premier et de tous les endroits de la ville ! Celui à qui l'on a constamment recours ! Il donne le pardon et la guérison. De nombreux passages bibliques y font référence et nous en tenons compte !

· Dieu et l'Agneau règnent dans la ville et sur la nouvelle terre. Tout est lumière et gloire. Il n'y a plus ni malédiction, ni maudit. 22.3

· Ses serviteurs règnent avec lui, au siècles des siècles. Nous sommes entrés dans une situation irréversible pour l'éternité. 21:4,5

Conclusion

Le livre de la révélation de Jésus-Christ se clôt et l'apôtre Jean reçoit les dernières paroles comme le sceau d'un testament prophétique :

Voici, je viens bientôt, et ma rétribution est avec moi, pour rendre à chacun selon ce qu'est son œuvre.

Je suis l'alpha et l'oméga, le premier et le dernier, le commencement et la fin.

Heureux ceux qui lavent leurs robes, afin d'avoir droit à l'arbre de vie, et d'entrer par les portes dans la ville!

Dehors les chiens, les enchanteurs, les impudiques, les meurtriers, les idolâtres, et quiconque aime et pratique le mensonge!

Moi, Jésus, j'ai envoyé mon ange pour vous attester ces choses dans les Eglises. Je suis le rejeton et la postérité de David, l'étoile brillante du matin.

Et l'Esprit et l'épouse disent: Viens. Et que celui qui entend dise: Viens. Et que celui qui a soif vienne; que celui qui veut, prenne de l'eau de la vie, gratuitement.

Je le déclare à quiconque entend les paroles de la prophétie de ce livre: Si quelqu'un y ajoute quelque chose, Dieu le frappera des fléaux décrits dans ce livre; et si quelqu'un retranche quelque chose des paroles du livre de cette prophétie, Dieu retranchera sa part de l'arbre de la vie et de la ville sainte, décrits dans ce livre.

Celui qui atteste ces choses dit: Oui, je viens bientôt. Amen! Viens, Seigneur Jésus!

Que la grâce du Seigneur Jésus soit avec tous!

Cette proclamation souligne l'immuabilité et l'importance de la parole de Dieu. Elle nous exhorte solennellement à être attentifs et à garder les paroles de la prophétie du livre.

Heureux celui qui lit et ceux qui entendent les paroles de la prophétie, et qui gardent les choses qui y sont écrites! Car le temps est proche.
Apocalypse 1:3

"Heureux celui qui garde" est en rapport avec *"Voici je viens bientôt"* !

En fait l'objectif principal des paroles prophétiques de l'Apocalypse est d'attirer notre attention sur le thème central du livre : La venue du Seigneur Jésus-Christ dans sa gloire.

Le message est accessible à tous : *Puis il me dit : Ne tiens pas secrètes les paroles de la prophétie de ce livre, car le temps est proche. Apocalypse 22:10*

Son but c'est de nous inciter à attendre fidèlement notre Seigneur et l'accomplissement de la prophétie dans la recherche de la sanctification, dans la justice, avec l'ardent désir de la plénitude de Christ en nous par le Saint-Esprit.

> *Que celui qui est injuste soit encore injuste, que celui qui est sale se salisse encore, que le juste fasse encore la justice, et que celui qui est saint soit encore consacré !*
>
> *Je viens bientôt, et j'apporte avec moi ma récompense, pour rendre à chacun selon son œuvre.*
>
> *L'alpha et l'oméga, le premier et le dernier, le commencement et la fin, c'est moi.*
>
> *Heureux ceux qui lavent leurs robes pour avoir droit à l'arbre de la vie et pour entrer par les portes dans la ville !*
>
> *Dehors les chiens, les sorciers, les prostitués, les meurtriers, les idolâtres et quiconque aime et fait le mensonge ! 22.11/15*

La mise en garde répétée est adressée à toutes les églises et à tous ceux qui servent le Seigneur. 22.16, et 22.6

Attention à ce que nous faisons du message de Dieu. 22.18

> *Moi, Jean, j'adresse ce solennel avertissement à quiconque entend les paroles prophétiques de ce livre : si quelqu'un y ajoute quelque chose, Dieu ajoutera à son sort les fléaux décrits dans ce livre.*

La lecture du livre de l'Apocalypse avec l'aide du Saint-Esprit produit une sainte aspirations dans le cœur de ceux qui y sont attentifs :

> *Et l'Esprit et l'épouse disent: Viens. Et que celui qui entend dise: Viens. Et que celui qui a soif vienne; que celui qui veut, prenne de l'eau de la vie, gratuitement. Apocalypse 22:17*

Nous disons avec l'Esprit : Amen ! viens Seigneur Jésus.

Que la grâce du Seigneur Jésus soit avec vous !

Oui, je veux morebooks!

i want morebooks!

Buy your books fast and straightforward online - at one of world's fastest growing online book stores! Environmentally sound due to Print-on-Demand technologies.

Buy your books online at

www.get-morebooks.com

Achetez vos livres en ligne, vite et bien, sur l'une des librairies en ligne les plus performantes au monde!
En protégeant nos ressources et notre environnement grâce à l'impression à la demande.

La librairie en ligne pour acheter plus vite

www.morebooks.fr

VDM Verlagsservicegesellschaft mbH
Heinrich-Böcking-Str. 6-8　　Telefon: +49 681 3720 174　　info@vdm-vsg.de
D - 66121 Saarbrücken　　　Telefax: +49 681 3720 1749　　www.vdm-vsg.de

www.ingramcontent.com/pod-product-compliance
Lightning Source LLC
Chambersburg PA
CBHW032005220426
43664CB00005B/154